半山

康桥

祥符

和睦

石桥

小河

上塘

湖墅

拱宸桥　天关

东新

米市巷

文晖

朝晖

天水

潮鸣

武林　长庆

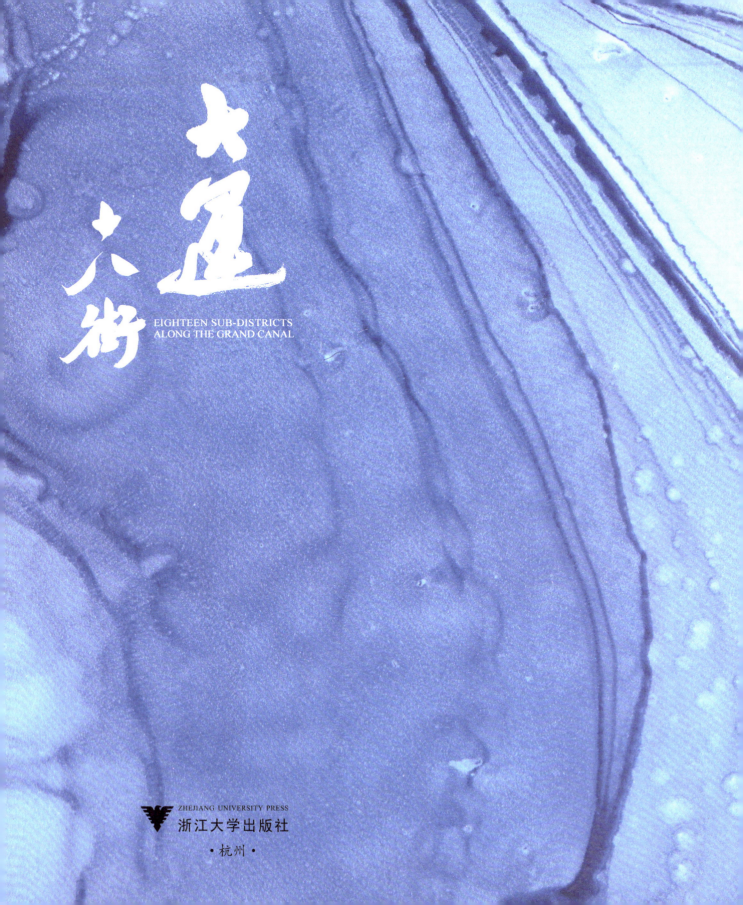

大运河十八街

EIGHTEEN SUB-DISTRICTS
ALONG THE GRAND CANAL

ZHEJIANG UNIVERSITY PRESS
浙江大学出版社
·杭州·

运河是气势恢弘的伟大工程，是人类文明的伟大见证。世界上许多城市兴于运河、盛于运河，那些或浩瀚、或平静、或深沉、或轻盈的涌动，连同运河上的桥梁以及两岸的风物，成为这些城市初始的脉象。

京杭大运河作为世界上里程最长的古代运河，浩浩汤汤绵延千里，流经六个省市，贯通五大水系，将中国南北两座重要城市辗转连接在一起。这看似不经意的连接，却让北京和杭州从此接通了帝都的血脉——杭州成为南宋的都城，而北京更是自元代设大都开始，历经明代、清代、民国北洋政府时代至现今，一直作为国家首都。

清波作曲、桨棹为声、千百年来，京杭大运河始终传唱着中华民族奔腾不息的壮歌，孕育了深厚而璀璨的运河文明。

2006年12月31日，时任浙江省委书记习近平同志视察中国京杭大运河博物馆时指出：要把大运河打造成为"人民的运河""游客的运河"，为拱墅留下了弥足珍贵的精神财富。

2014年6月22日，中国大运河被列入《世界遗产名录》，成为中国列入《世界遗产名录》的第46个项目。

2017年6月，习近平总书记对建设大运河文化带作出重要指示：大运河是祖先留给我们的宝贵遗产，是流动的文化，要统筹保护好、传承好、利用好。

2021 年 4 月 9 日，经国务院批复同意，杭州正式启动实施部分行政区划优化调整，设立新的拱墅区。从此，"千年运河"与"繁华武林"紧密牵手，拱墅始终牢记习近平同志对大运河文化建设的殷殷嘱托，守护好大运河这条"世之瑰宝，城之命脉"，传承好中华文明的"精神密码"，为全面绘就中国式现代化拱墅实景而努力。

漫步在大运河十里银湖墅沿线，欣赏着波光粼粼的水面上时而闪过的游船和倒影，或乘坐一艘古色古香的游船从武林门码头缓缓向北，与夹岸的绿树和民居互为进退——无论您是看风景的人，还是那道被看的风景，我们都已经成为"千年文脉"流淌的一部分。

天水武林庆潮鸣，半山康桥祥睦邻；

东新石虹双晖映，河塘湖市大拱宸。

大运河蜿蜒穿境，拱墅区所辖的十八个街道，都牵连着千丝万缕的运河血脉。依偎京杭大运河，错落有致排布着杭州塘、上塘河、中河、西塘河和余杭塘河五条河道，还有备塘河、宦塘河、贴沙河、古新河、胜利河、康桥新河等支线河道沟通其间，织就了一张绵密而丰富的拱墅河网体系。

拱墅，从地图上看像一只展翅欲飞的蝴蝶。似乎预示着这片曾经作为老城区和老工业基地的热土，在城市与运河的焕新发展中正迎来蝶变和飞跃。那些过去未去的、浅照心底的人文微光，和未来已来的、催人奋进的科技势能，都将随着古老运河的新脉动，串珠成链汇聚新拱墅十八个街道的独特气韵，以古河今韵绘繁华盛景，向世界展示千里大运河最璀璨的"拱墅明珠"。

政协杭州市拱墅区委员会编撰的《大运十八街》文史读本，作为拱墅政协系列"三亲"史料的延续，对拱墅辖区十八个街道的文史资源进行了收集整理，并以通俗的文字配漫画插图形式，向社会各年龄层读者讲述拱墅老底子的故事，发掘"千年运河、繁华武林"的深厚文化底蕴，展示"时尚之都、数字新城、运河明珠"之现代活力。

全书按照方位相近、特色相似原则，以组片成团方式将十八个街道分成四个篇章叙述。第一篇章介绍运河武林门码头以南的区块，这是长期被视作杭州市中心繁华武林商圈的片区，包括天水、武林、长庆、潮鸣四个街道；第二篇章介绍山水连城的拱墅北部和西部，包括半山、康桥、祥符、和睦四个街道；第三篇章介绍的是由运河武林门码头向东延至艮山门外、上塘河以东，旧时为东城郊的沙田故地片区，包括朝晖、文晖、东新、石桥四个街道；第四篇章介绍京杭大运河纵贯南北流经的"十里银湖墅"精华区块，包括小河、上塘、湖墅、米市巷、大关、拱宸桥六个街道。在每个街道，又依其文史资源情况，择取 3—8 个小故事，以小见大反映各街道的独特气质。

在本书每个街道的开篇处，我们通过嵌入二维码的形式，链接浙江大学出版社的"立方书"平台，更为形象地展示各街道提供的视频、音频、照片等文史资料和素材，以期帮助读者更加全面、深入、直观地了解拱墅。

政协杭州市拱墅区委员会

2023 年 8 月

繁华武林

Bustling Wulin

山水连城

第二篇

A city embraced
by mountains
and rivers

第三篇 沙田故地

The old haunt of Shatian

大运十八街

穿越繁华武林，身与心都不自觉地在古典和现代间旋转、跳跃。运河从额前流淌，一回眸便去了南宋的城垣；高楼在四周生长，一驻足又来到都市的中心。幽深的宅院、古老的井台，疾驰的地铁、喧闹的人群，时空倏忽变换，包容是永久的繁荣。

第一篇

繁华武林

Bustling Wulin

TIANSHUI
WULIN
CHANGQING
CHAOMING

姜夔 赋诗 武林门

武林门也叫北关门，古代作为京杭大运河城北运河和城内运河的枢纽，主要负责向京都输送粮、鱼、盐及其他百货，商贾云集，哪怕是夜晚也灯火通明，宛如白昼。南宋大诗人、文学家、音乐家姜夔的《出北关》便是在这里所作。

"吴儿临水宅，四面见行舟。蒲叶浸鹅项，杨枝蘸马头。年年人去国，夜夜月窥楼。传语城中客，功名半是愁。"

年轻时穷困、屡试不中却有着惊人文学和音乐才华的姜夔，一次又一次走过这里。他注视着弯弯曲曲依傍着京杭大运河的住宅，河道里来来往往进行商贸的小船，商人们的马儿在这里发出声声嘶鸣，昭示着这里络绎不绝的客人和码头的繁华。而与这繁华热闹景象格格不入的，是失意的诗人本人。他用眼睛看到这繁华，心中却是辗转漂泊，思虑着国家的兴亡，想考取功名为国家效力，却只能

在这月色如水的夜晚，看着灯火通明的小楼、往来不绝的行人，心中无限哀愁。

　　姜夔晚年居住在西湖附近，死后葬于钱塘门外的西马塍，杭州既是他的羁旅之所，又是他的归宿之地。

百井坊巷「十八间」

从武林银泰往南几十米，有一条贯通延安路和中山北路的小巷，名为百井坊巷。据记载，吴越王钱镠曾有兵营驻扎在此，为解决饮水问题，便在这个地块凿了九十九眼井，号称"百井"，后来据此定名为百井坊巷。

百井坊巷有一段比较特殊的历史，它曾是杭州市唯一的少数民族集中居住区，聚集着杭州城里大部分的满族和蒙古族居民，而他们大多都是当年清廷派到杭州驻防的八旗后裔，至今已在杭州生活了三百多年。

清代，杭州曾有个"城中城"，驻扎着护卫杭城的军队，城中有满洲八旗、蒙古八旗和汉军四旗。那时候的百井坊，是一片低洼草地，旗人用来放马。辛亥革命后杭州拆旗营、满城，贫困的满族、蒙古族百姓迁居到菩提寺路一带。后因建路，又迁百井坊巷定居。1930 年，浙江省区救济院在百井坊巷建造了贫民住宅 200 间，供这些满族和蒙古族的平民居住。那时候的百井坊巷，共有十八条弄堂，俗称"十八间"。"十八间"非常简陋，青盖瓦泥地，木头柱梁，墙是用竹篾片加上烂泥糊成的，只有六七厘米厚，推推就会动。邻里之间说句话都能听到。屋顶上的瓦片，雨天一漏水就是满屋子叮叮当当的接水声。也正是这样的环境，使得这条巷子格外有生活气息，街头巷尾每一天都热闹纷呈。

皇亲巷与丰子恺

在天水街道南部，有一条南起凤起路北至百井坊的巷子，明代叫作太平巷，清代改称皇亲巷，1966年曾改名为群武巷，1981年后又改回皇亲巷。

据《杭都杂咏》记载，明朝成化年间，有个名叫邵林的临安昌化邵家村人，在杭州服役于前卫军。妻子怀孕后，邵林将她接到杭州，在今皇亲巷住下，生了女儿，成了后来的邵氏孝惠皇太后。古代封建皇帝对有功勋的皇亲国戚都要立牌坊以资表彰，因此朝廷就在小巷里立了牌坊，巷子也随之称为"皇亲巷"。当然，这条巷子到清代才改称皇亲巷，与邵氏不是同一时代。结合《武林坊巷志》记载邵氏出生地为"凤凰街"，考虑到皇亲巷与凤凰街位置很近，几乎就是一条路延伸出去，可以推断是后人为了"攀皇亲"才改的巷名。

现代文学家、画家丰子恺在20世纪30年代曾居住于皇亲巷9号。丰子恺在这里创作了《钱江看潮记》《半篇莫干山记》《西湖船》等诸多佳作。他的画作多以儿童为题材，幽默风趣，反映社会现象，以"曲高和众"的艺术主张和"小中能见大，弦外有余音"的艺术特色备受世人青睐。

民望所归 万寿亭

　　万寿亭街东起直戒坛寺巷，西至武林路，与体育场路并行，原为南宋御街一段。冠以"万寿"二字，就大概能知道万寿亭的出身"非凡"。

　　万寿亭的名字是怎么来的？康熙二十八年（1689），皇帝南巡到浙江，在杭州停留巡查。为安定人心，康熙皇帝下令减免杭州当年的田租、赐予80岁以上老人粮食和衣物，还免除了70岁以上老人的徭役，又增加了周边府州县童生的应试名额。康熙皇帝在杭州颁布的这一系列恩惠，让所有杭州的百姓都感恩戴德，高呼万岁。当时杭州的有钱人为了感谢皇恩，主动出资建亭祝康熙帝圣寿无疆，并取名"万寿亭"。之后，万寿亭所在的那条街也以"万寿亭"为名，有了现在的"万寿亭街"。

"黄瓦龙翔，枕碧池而浩荡；朱楹猊拱，环丹壁于周围。"距今已经有数百年历史的万寿亭印证了"民心所向，众望所归"的朴素真理。

天水堂与司徒雷登

天水堂位于中山北路耶稣堂弄 2 号，是一座具有明显江南风格的中式教堂。它是杭州最早的一所基督教堂，创立至今已有 140 年历史，具有深厚的文化底蕴和独特的历史价值。

说到天水堂就不得不说司徒雷登，一个出生在中国的美国人，这里是他的出生地，他的一生都与中国不可分割。对于司徒雷登来说，杭州是他最亲切的地方，他出生后学会的第一门语言不是英语，而是跟着杭州乳母学的杭州话，去饭店能操一口熟练的杭州话点菜。在中国生活了 50 年，他曾参与创立杭州育英书院（即后来的之江大学），任燕京大学首任校长，担任美国驻华大使。如今，司徒雷登骨灰安葬于杭州半山安贤园内。

　　闻一多在《最后一次演讲》中谈到司徒雷登："现在司徒雷登出任美驻华大使，司徒雷登是中国人民的朋友，是教育家，他生长在中国，受的美国教育。他住在中国的时间比住在美国的时间长，他就如一个中国的留学生一样，从前在北平时，也常见面。他是一位和蔼可亲的学者，是真正知道中国人民的要求的……"

从红太阳广场到杭州之心

武林广场，因古武林门而得名。1968 年，因建设"我们心中的红太阳毛泽东思想胜利万岁展览馆"，配套兴建了广场，人们习惯称之为"红太阳广场"。

展览馆和广场的设计参考了北京人民大会堂的样子。当时没有推土机、没有挖掘设备，省内许多厂矿单位及各级机关干部、工人、学生、市民，就在一片菜地和花地上，伴着慷慨激昂的《东方红》，用双手开辟着新天地。工程 24 小时不停，晚上从吴山顶上北望，这片工地上空漫天通红。1969 年 3 月 23 日上午，锣鼓喧天、鞭炮齐鸣，这个被全省各地群众瞻仰的标志性建筑，建成了。自此，杭州大大小小的庆典、集会活动大都安排在这里。

　　1977 年，展览馆改称浙江展览馆，广场随之更名为武林广场。此后，繁华武林商圈的大幕随之开启，40 多年来始终是杭州城市发展的核心地带，聚集了省市重要的行政中心、金融机构、文化场所，还建起多家五星级酒店、大型购物中心、八少女音乐喷泉等现代化配套设施，成为历久弥新的城市地标。

　　从"红太阳广场"到"武林广场"，这座承载了几代人青葱岁月的广场，已渐渐褪去历史的厚重，融入了城市当下，羽化成蝶向美而生，成为"杭州的心、城市的眼"，继续见证杭州的繁华。

　　此外，天水地区现存的全国重点文物保护单位——龙兴寺唐经幢，迄今已有 1100 余年历史，也印证了这片地区作为杭州城市发展的原点。

凤起龙游

说武林

在武林辖区纵横交错的道路中，路名带"龙"带"凤"的有好几条，格外引人注目。不必说，多少与皇家沾上了点关系！

先说凤凰街，南起孩儿巷，北至凤起路，长146米。宋朝时因礼部贡院在此，所以叫贡院街，元朝时承袭了此叫法。明朝时，贡院街改名为凤凰街。据《武林坊巷志》记载，当时昌化伯邵林之妻杨氏梦见凤鸟仪庭而于此生下一女，此女便是日后的孝惠皇太后——明世宗朱厚熜的祖母。人们认为此地出凤凰，故改名凤凰街。有了凤凰街，便有了凤起桥、凤起路。

有凤必有龙。在凤凰街西边不远，还有一条龙游路。它东起建德路，西至环城西路，长184米，与武林路相交。龙游路虽不长，却是近代许多名人的住所。史学家陈训慈曾居此路2号、教育家郑晓沧曾居6号、书法家沙孟海曾居15号、作家陈学昭曾居17号。龙游路虽也沾着"龙"亲，但事实上，它是以浙西龙游县名作路名的。清末民初，许多达官贵人、文人墨客以及后来的军阀、新兴民族资本家，都在比邻西湖闹中取静的武林路一带结庐建宅。这期间开辟了许多以浙江地名为路名的街巷，比如建德路、安吉路、昌化路等等。

陆游的孩儿巷时光

　　孩儿巷是连接武林路与中山北路的一条长仅几百米的小巷。繁华的延安路横穿而过，将它分作两段。据传这条巷子原叫砖街巷，南宋时因为住这里的人多制售泥孩儿，于是改名为泥孩儿巷，再后来"泥"字也省了，直接叫孩儿巷。

　　孩儿巷不长，名气却很大，这恐怕与著名诗人陆游有些关系。1186年春，那一年陆游62岁，已在绍兴老家赋闲近五年的他忽然接到调令，要去严州（今建德）赴任。上任前，他先到临安城（今杭州）觐见宋孝宗，就住在孩儿巷。也就是在这里，他写下了流传千古的名篇《临安春雨初霁》："世味年来薄似纱，谁令骑马客京华？小楼一夜听春雨，深巷明朝卖杏花。矮纸斜行闲作草，晴窗细乳戏分茶。素衣莫起风尘叹，犹及清明可到家。"

　　那一夜，临安城下着雨，诗人听着窗外的雨声，辗转反侧，彻夜失眠。在这首诗里，我们窥见了那个"空有报国志，无奈客京华"苦闷而

惆怅的陆游。但与此同时，透过那些清新灵动的字句，我们也看到了一个充满春意和情趣的江南。或许，孩儿巷的这场春雨正是陆游对"清明"世界的一种期盼。

时至今日，在孩儿巷98号，还能找到诗中这座"小楼"的模样。虽然经过考证，它并不是陆游当时居住的那座楼，但它应是保留至今最接近历史风貌的建筑。

梅鹤堂前 忆林逋

在武林路南端，有一排中西合璧的石库门建筑，叫作梅鹤堂。建筑保留了传统民宅的砖木结构和院落中轴线等基本框架，门楣、窗棂上有精美雕饰，具有江南特色。主楼墙角有"梅鹤堂林界"字样，据传这是北宋诗人林逋家族的后人所建。

林逋谥号和靖，后人常称其为林和靖。他极爱梅，写下了"疏影横斜水清浅，暗香浮动月黄昏"的咏梅经典。他隐居杭州孤山，常常坐船到西湖各寺庙游玩，有时连看门童子也不知他去了何方。于是，他买下两只仙鹤养在笼中，并嘱咐童子，如有客人来了就放飞仙鹤，他看见后自会归家。林逋一生无妻无子，常与梅鹤相伴，便自诩"以梅为妻，鹤为子"。

或许人的一生不该总是随波逐流，就像林逋，寻找一处美丽的风景，与自己的爱好共度余生，不需要多余的喧嚣，只此悠然足矣。林氏后人建造了梅鹤堂，用这一排独门独院的石库门房子，追忆着先人"梅妻鹤子"的隐逸生活，也将"大隐隐于市"的意境诠释得恰如其分。

　　武林路附近中西合璧的民国时期建筑还有许多：马寅初旧居、沙孟海旧居、程慕灏旧居、教场路1号、仁德里12号等，它们静静站立，等候时光流转。

苏轼的吉祥牡丹情缘

在新华路南面不远处有条长庆街，北宋时这一带叫安国坊，坊内有座吉祥寺。据《武林梵志》记载，吉祥寺里牡丹繁盛，因为寺中有一位叫守璘的和尚，他在寺里开了很大一片花圃，栽种了上百种、超千株牡丹。花开时万紫千红，芬芳满园。

吉祥寺牡丹与苏轼有着不解之缘。北宋熙宁四年，苏轼到杭州任通判。当时的知州沈立了解到苏轼颇爱牡丹，于是邀请苏轼去吉祥寺赏花。苏轼见吉祥寺满园的牡丹，非常欢喜，于是开怀畅饮，吟诗作乐。"人老簪花不自羞，花应羞上老人头。醉归扶路人应笑，十里珠帘半上钩。"苏轼喝得微醺，采下一枝牡丹花别在头发上。这牡丹花也开在了苏轼的心上，让他顿生"柳暗花明"之感，官场争斗的烦闷一扫而光。那一天，他在吉祥寺待到很晚，牡丹宴会结束，都没意识到该回家了。

第二年，苏轼写了一首《冬至日独游吉祥寺》："井底微阳回未回，萧萧寒雨湿枯荄。何人更似苏夫子，不是花时肯独来。"字里行间透露着对吉祥寺牡丹花开的期盼。再后来，他又在《惜花》一诗中回忆："吉祥寺中锦千堆，前年赏花真盛哉……"在此诗后他还自注"钱塘吉祥寺花为第一"。

历史变迁，当年惊艳世人的吉祥寺牡丹花已不复在，但牡丹花色穿梭千年，诗词和画作延续着花期，给现代人的生活带来一些旧时优雅的趣味。

都锦生织锦与『乒乓外交』

中国丝绸享誉世界，杭州织锦绚烂千年。杭州织锦明代已闻名全国，至清代，与南京"云锦"、苏州"宋锦"、四川"蜀锦"齐名。

1921年，都锦生研发并织成了中国第一幅丝织风景画——《九溪十八涧》。第二年，他便在杭州创立了"都锦生丝织厂"。他将各地织锦特长集于一体，研制出五彩锦绣、经纬起花等工艺，将中国画与西洋画艺术通过织锦工艺表现出来，创造了富有浓郁东方民族特色的织锦技艺。杭州的风景，是都锦生丝绸画最常见的主题，游客和香客，是都锦生丝绸画最忠实的客户。除了丝绸画，都锦生还创制了许多丝绸日用品，最著名的有"西湖绸伞"，毛竹制成的伞骨，绘有西湖十景的丝绸伞面，撑开是美丽的晴雨伞，合拢是精致的艺术品。

一百多年来，都锦生织锦在国际上享有盛誉，产品在1926年美国费城国际博览会上获金奖，向世界展示了"东方艺术之花"的魅力。1971年，中国运动员庄则栋向美国运动员科恩赠送了一块都锦生织锦《云笼石笋》，拉开了中美"乒乓外交"的序幕，成为外交史上的一段佳话。

周总理曾说："都锦生织锦是国宝，要保留下去，要后继有人。"

都锦生，已成为著名的中华老字号，沉淀成杭州的一抹靓色，装点着中国的锦绣江南。

巴金的天香楼之约

　　天香楼创办于 1927 年，初名武津天香楼，主要经营杭帮菜，还兼营川、徽、苏菜。当时杭州城流行一句俚语："要划船，杭州六码头；要吃菜，杭州天香楼。"著名作家巴金先生在天香楼有一段令人感慨的故事。

　　1937 年 6 月，师陀与卞之琳要去浙江雁荡山旅行，巴金送二人到杭州。分别前一天，三人到天香楼用餐。席间，巴金讲起他从日本报纸上读到的一个故事：两位好友，临别前约定十年后的某日某时在某地再见面，结果十年后，其中一人去赴约，另一人却不见影子。这时，有人送电报来，上面说："我生病，不能前来践约，请原谅。请写信来，告诉我你的地址，我仍是孤零零的一个人。"听完这个故事，大家深感友情珍贵，师陀当即提议："我们也订个约，十年后在这里见面吧。"巴金立刻同意："好，就在杭州天香楼，菜单也有了：鱼头豆腐、龙井虾仁、东坡肉、西湖鱼……"

十年以后，正逢国共内战，彼时卞之琳在英国讲学，师陀在上海戏剧学校教书，巴金忙着编书校稿，三人天各一方。等巴金再一次想起十年之约，师陀已不在人世，天香楼的杭州味道也成为巴金先生永远无法释怀的遗憾。

跨越千年的中东河

一座城，两条河，千年情。从南到北贯穿杭州的中河和东河，静静流淌在城内，人们习惯性地称它们为"中东河"。

隋炀帝在开凿京杭大运河时，为了沟通大运河与钱塘江，在城东、城南开河，这里的河就是中河南段和龙山河，后经柳浦而至白塔岭附近。唐咸通年间，崔彦在担任杭州刺史期间，鉴于钱塘江潮水"冲击钱塘江岸，奔逸入城，势莫能御"，曾"开三沙河以决之，曰外沙、里沙、中沙"。这里的里沙河就是中河北段。中河北段的开凿有效地降低了钱塘江潮水的危害，保障了杭州城的安全。吴越国时期，钱镠除了在白塔到艮山门之间修筑捍海石塘，也在石塘西部开挖了一条平行于石塘的护城河，这条河就是东河，时名茅山河，一路向北流入京杭大运河。

现在的中河是古代龙山河、盐桥河和新横河三条河的总称，而东河在不同历史时期曾经被叫作茅山河、菜市河、东运河。

中河和东河的开凿距今已千年。两河不仅是货物集散的商业要道，也是护城、排水的重要设施。它们是静默忠诚的守护者，见证杭州的演变，更是杭州的血脉，把这座城调和得气血充沛。

岳官巷吴门三进士

吴宅位于岳官巷 4 号，是江南地区存留的明清时代典型住宅之一，1986 年被确定为杭州市重点文物保护单位。其中部厅堂为明代所建，是杭州市区保存最为完整的明代民居。

"岳官巷"本为"学官巷"，因"学"在杭州话中与"岳"同音，所以人们误将"学官巷"叫成了"岳官巷"。最早的吴氏来自古徽州，明代中叶来杭经营木业、盐业。明代中叶至清代近 300 年里，吴门出进士 3 人，举人则更多，所以坊间曾

有"岳官巷吴家，门第为杭城之冠"的说法。三位进士，分别为钱塘吴氏第八代吴振棫、第十代吴庆坻、第十一代吴士鉴。其中，吴庆坻是光绪二年（1876）丙子科乡试亚魁举人，十二年（1886）二甲十名进士，在京做官为主，曾外任湖南提学使，钦派赴日考察教育，创立湖南优级师范学堂（湖南第一师范）等学堂。

如今的岳官巷成为杭州市文史研究馆，向公众开放，是研究、传承并创新中华优秀传统文化和杭州地方特色文化的重要平台。

从大营盘^到体育场

大营盘，南起体育场路、北到田家桥河，东至仓河下、西接中河北路。它的历史可追溯到清代。

清同治三年（1864），左宗棠率领楚军攻克杭州太平军并驻扎于此。他巡视杭州城，发现多年战火洗礼下的街道已被摧毁大半，百姓死伤惨重，而且由于闹饥荒，城民大多形体消瘦，困苦不堪。目睹此状，左宗棠感慨：叛军之所以猖狂，是因为老百姓生存太艰难，不得已才加入叛军队伍。只有让百姓过上好日子，赢得民心，他们才不会再造反。于是，他着力改善民生，并命令军队不可侵犯百姓。由此，楚军得到了百姓的拥戴，楚军驻扎的"大营盘"这个名字也得以流传。

1929年4月，国民政府教育部公布《国民体育法》，决定在杭州举办民国第四届全国运动会。可是，杭州这么大，哪里才是运动会的最佳选址呢？这个问题难住了负责赛事场地建设的体育专家舒鸿。他先后考虑了笕桥、金衙庄、下马坡巷和省公众体育场，都不满意。最后，他选定了地形开阔、有历史底蕴的大营盘。

那场体育盛事是首次由中国人自己操办的全国运动会，有 1640 名运动员和上万名观众参与和见证了这场盛会。一时间大营盘备受瞩目。之后，大营盘周边被整改扩建，成为今天的体育场路一带。

王马巷里的白衣寺

　　在王马巷有一座古寺，寺内供奉的观音菩萨身着素衣，民间称其为"白衣大士"，因此得名白衣寺。杭谚云："南有净慈寺，北有昭庆寺，城里白衣寺，城外灵隐寺。"

　　白衣寺规模不大，然而方丈松风上人却是个著名高僧。杭州知府林迪臣治杭五年，兴学建校，影响深远。当时松风深受熏陶，积极主张办学教育沙弥，即小和尚，当时所有的小和尚都是文盲，都是穷苦人家养不起而自愿送寺的孩子。诵经拜佛，由大和尚口授，不懂梵文禅意，所以有"小和尚念经，有口无心"的谚语。有鉴于此，松风就联系灵隐、净慈、戒坛诸寺，倡议设立佛教学院，由诸寺拨出一部分寺产作为基金，共同培育。诸寺方丈皆称颂此举，乐于拨寺田兴学，提升小和尚文化水平。

1950 年，中国茶业公司曾在白衣寺举办了新中国成立后首次制茶干部培训班。此后这儿曾办过福利茶厂、作过仓库、房管站工作用房和青春中学校舍等。如今的白衣寺为 2008 年重修，是市级文物保护单位。

盐桥⑦不复庆余留亭

盐桥大约始建于唐之前，古时食盐作为重要的商贸物流品，由盐船运送。从唐朝时起，从江入海的盐船大多停泊在盐桥。

南宋时期，宋室南迁至杭州，一时间杭州人口陡涨，粮食供不应求，出现了贫穷者活活饿死的惨状。当时蒋氏仨兄弟：蒋崇仁、蒋崇义、蒋崇信，寄居盐桥旁开米行。蒋崇仁便把家中的大量存粮捐给饥民，救活了不少人。次年，蒋崇仁与两位弟弟商量后，决定在秋收时，把家里的钱全部拿出来收购米谷，储藏在仓库里，等到第二年青黄不接时，允许百姓自带升斗，自量米谷，只付本钱，以保证百姓拥有最起码的"活命粮"。后来蒋崇仁去世后，他的两位兄弟依然年年捐资、贱卖粮食，前后延续了六七十年，借此渡过难关活下来的人不计其数。

蒋氏三兄弟"为国忘家、舍己利人、既诚且久、慷慨济贫"的善德，为百姓称道，如此便有了"广福庙"。由于蒋氏三兄弟成为百姓心中像神一般的存在，因此"广福庙"香火不断。直至民国初年杭州进行大规模城市改造时，盐桥上的"广福庙"仍然存在。1984 年盐桥重建时，为了便于市民歇脚纳凉，"广福庙"原址上建起了由胡庆余堂出资的"庆余亭"。

百年杭高

见证『一师风潮』

贡院是古代科举考试的考场。明代大学者王阳明就曾在浙江贡院中举。

罢废科举后，浙江贡院改为浙江两级师范学堂，1913年又改为浙江省立第一师范学校。如今，这里是杭州高级中学贡院校区。在百余年的发展中，杭高汇集了李叔同、鲁迅、徐志摩、丰子恺等名家大师，涌现出姜立夫、陈建功等科技精英及徐匡迪、卢展工等杰出校友，成为享誉全国的名校。

中国近现代历史上颇有影响的"一师风潮"就发生在这里。

五四运动后，一师逐渐成为浙江新文化运动的中心。学校积极推行"学生自治""教员专任"等进步行动，遭到军阀当局和封建守旧势力的打压。1920年2月9日,省教育厅公然解聘陈望道等4名教师,开除施存统等10余名学生,撤换经亨颐校长,并下令解散一师,受到学生反对,已放寒假回家的学生纷纷返校抗争。3月29日,抗争达到高潮。几百名军警围住一师,学生誓死不屈,围坐在操场上与军警对峙。杭州其他各校学生闻讯前来支援,全国各地各界声援不断。在巨大的压力下,当局不得不撤退军警,收回解散一师的命令。4月17日,全校复课,"一师风潮"以学生的胜利而告终。

经过"一师风潮"锻炼的进步青年后来前往上海、北平等地,参与建立党和团的早期组织,宣传马克思主义思想,积极探索救国救民之路。

宋高宗驻跸潮鸣寺

宋高宗赵构为了躲避金兵追杀，逃到杭州。未曾想过，到了杭州以后，不仅巩固了皇位，还在杭州定都。宋高宗最初逃经杭州时，曾在潮鸣寺驻扎过。

金军入犯南宋，宋高宗赵构沿途南下，直逼杭州。沿途君臣马不停蹄地途经镇江等地，跑了六天六夜才到达杭州东郊。只见天昏地暗，门户紧闭，没有安身之地。恰好河边有个古老的归德禅院，君臣等人只好叩开院门，借宿一夜。一连跑了好几天，人困马乏，惊魂甫定。此刻面对荒郊古寺、佛殿青灯的宋高宗才尝到了流放皇帝的苦涩滋味，他不由得浮想联翩、寝食难安。

过了半夜宋高宗才隐约睡着。突然间，一阵震耳的马蹄声渐渐逼近。"金兵追来！"宋高宗翻个身吓得大叫："救驾！"护驾军卒闻声而至，宋高宗望着大家的表情，不似有强敌在前，缓声问："窗外雷鸣般的响声不是军马的声音吗？""启奏圣上"，内卫刘汉臣喝退军士，跪奏道："归德寺离江很近，窗外雷鸣电闪，是钱塘江上夜潮涌起的声音。"

宋高宗嗫嚅着，意识到自己的丑态，为遮掩窘态，沉思了一会儿即叫内侍："翰墨祭祀！"写"潮鸣寺"三个字赐此院落。杭州"潮鸣寺"即由此而来。

大树巷出生的才子袁枚

清代中叶乾嘉年间有两大红人，并称"南袁北纪"。"纪"指的是纪昀，也就是"铁齿铜牙纪晓岚"；而"袁"则是指袁枚，又号随园老人。

袁枚的童年至青年时代都是在杭州度过的。杭州东园大树巷，是袁枚的出生地。七岁那年，袁枚又迁居杭州葵巷，在葵巷住了十年。

袁枚从小爱诗，他的母亲章氏对他的人生影响极大。章氏"慈和端静，温文尔雅，知书达礼"，袁枚不止一次地在诗文中赞美母亲任劳任怨、坚韧不拔的宝贵品质。除了大众所熟知的诗人形象，袁枚还是一个十分有趣的人：他是当时鼎鼎有名的园艺家，拥有私家园林三百余亩；他是清代藏书最多的收藏家，藏书量高达四十万册；他还是清代最爱游玩的旅行家，81 岁高龄还在旅行的路上，堪称"骨灰级"驴友；他更是一位美食家，有中国古代"食圣"之誉，他所作的《随园食单》在中国古代食书著述史上影响卓著，书中所记的素烧鹅至今仍是杭州的代表美食之一。

袁枚青年离家，一生坎坷仕宦，归隐随园，待他重返故乡时已 63 岁。重游杭州，探望故居，他写下了动情的诗歌："从前半面交，一一敲门认。儿时所踏土，处处双鞋印。晷尽辄继烛，路过还回瞬。人问子胡然，一笑指双鬓。"

城郊 东园 莫衙营

老杭州地名，凡带"衙"字的，多与官宦人家有关，比如金衙庄、薛衙前、成衙营等。莫衙营的地名渊源大致有两种说法。一种是说南宋城郊驻扎着踏白、推锋、选锋、策选锋、游奕五军，这一带有游奕马军驻扎，军中有一位莫姓大员，所以此地命名为莫衙营。另一种是说这个地名和清代初年莫云卿这个人物有关，《莫氏古泉记》和《西泠怀古集》都记载有莫云卿这一人物。

云卿，是莫如鲸的字。他一辈子隐居在艮山门城墙下，经营着自家潇洒的小生活。他为人侠义，舍得花钱，朋友也就很多，厉鹗《东城杂记》说他："以文雅好事为名流所重。"莫家有高云阁，环境很好，常有远方的朋友来，住上一段时间。其中有一个朋友姓恽，名格，字寿平，号南田，常州武进人，以画名闻天下，诗、书亦佳，世称"南田三绝"。因为高云阁地在杭城东园，于是这位姓恽的

42

客人给自己取了一个别号，叫"东园客"。

　　如今，在杭州仍有东园巷等路名，且与
莫衙营相去不远。这样说来，莫云卿的故事
不无可取之处。

东河第一桥

八里东河筑有十二座桥，坝子桥是东河第一桥。

坝子桥为三孔石拱桥，上桥的石台阶由长条石砌就，十分宽敞、牢实、精致。桥中孔之上建了一座重檐歇山式四角桥亭，上书"凤凰亭"匾额。

这座桥，历史悠久，传说众多。相传，此桥为鲁班所造。八仙之一的张果老当年骑驴路过此桥，还在亭子内休憩，留下了"班门仙斧试通灵，顺应桥成岁几经"的诗句。这座桥在历史上多次更名，宋代叫"顺应桥"，到了元代、明代，还叫过"古观音桥"。按照古代"风水"说法，河道的出口"宜幽闭紧密"，不能选在出水开宽的地方。否则，城市就要"漏了财气"，于是，在桥上建亭，名曰凤凰亭。有"小桥怡然，飞凤高鸣，锁住财气"之意，起到"聚富敛财"作用，也就是风水学上的"藏风纳气，招财进宝"。因桥侧原有艮山水门，水门上筑有水坝，东河水经此水坝与大运河交汇，在明代最终确定此桥为坝子桥。

桥下水波荡漾，桥边丝绸绮丽，水里鱼群簇拥，水岸灯火通明。坝子桥历经沧桑岁月依然挺立在运河之上，如"隐者"，似"纽带"，连着过去与未来。

张士诚
新城扩运河 ㊛

　　张士诚是元末割据江浙一带的武装首领。他于元至正十六年七月占据杭州，虽然最终败于朱元璋，但他在杭时所行的善政，人人称道。

　　元朝杭州段运河的开凿过程中，动作最大的就是张士诚。1359 年，为了加强防卫，张士诚在杭州负责修筑城垣。其中艮山门到清泰门以东，向外扩展了 3 里，原来在城外作护城河的菜市河成了城内河流；自候潮门以西，向内缩进了 2 里，将凤凰山挡在城外。经张士诚修筑的杭州城垣，周围 6400 丈，高 3 丈，厚加 1 丈。有候潮、新门、崇新、东青、艮山、钱湖、清波、丰豫、钱塘和宁、余杭、天宗、北新 12 座城门，另设水门 6 座。同时，考虑到有军船来往于杭州、苏州之间，从长安、临平到杭州的河道过于狭窄影响

通航，张士诚发动军民 20 万人，新开自江涨桥至武林港段河
道，长 45 里，宽 20 丈，称为新运河或北关河。从此，新运河
成为京杭大运河入杭的主干道。

　　张士诚拓新城扩运河，为杭州城日后的繁荣发展奠定了良
好的基础。

遥望山水连城，山的阳刚硬朗，水的阴柔灵动，在都市深远处交汇。得天下山水而俱有之，坐拥世界文化遗产大运河和人类非遗代表作之半山立夏习俗，襟怀运河花朝文化，未来辽阔可期。难得赋闲修契，何不招展花枝？既有和睦祥瑞，岂不万善普宁？

第二篇

山水连城

A city embraced by mountains and rivers

BANSHAN
KANGQIAO
XIANGFU
HEMU

千年古刹 显宁寺

　　俗语说："南灵隐，北显宁。"在杭城半山北麓的刘文村，一座曾与灵隐寺齐名的千年古刹安然静坐，这便是显宁寺。据史料记载，显宁寺始建于五代，曾为北宋少宰刘正夫的功德院。但是，显宁寺作为刘正夫的功德院，却在一场重要的历史事件中充当着背景，那便是对于南宋王朝影响深远的"苗刘兵变"。

　　南宋建炎三年，苗傅和刘正彦打出"清君侧"的名号，埋下伏兵，诛杀了宋高宗赵构的宠将王渊及康履等宦官。苗、刘等人认为皇帝名不正言不顺，所以发动政变。赵构被迫禅位给三岁的皇太子赵旉，移御显宁寺。这次兵变让赵构终其一生不再信任武将，重文轻武的王朝基调就此定下。"无路请缨"，武将们渴望得到重用，北定中原的梦似乎从此刻便注定了要破灭。显宁寺，目睹了赵构成为太上皇的落寞时日，成了这段历史中的重要注脚。明末清初时，显宁寺一度香火鼎盛。据传当时显宁寺的高僧住持与灵隐寺的住持是师兄弟。

千余年兴衰浮沉，显宁寺在历史长河中，见证南宋王朝的转折，也迎来属于它的晨钟暮鼓。如今，显宁寺正在修缮复建，不久的将来，显宁寺将与半山国家森林公园有机结合，成为半山文旅的一道佳品。

半山桥的前尘『锦』事

半山古桥，北依半山，几度坍圮又几经修整，一副历经沧桑的老迈模样，看着不起眼，可别小瞧了它。

2004 年维修时发现的一块石碑，将半山古桥的前尘"锦"事娓娓道来。古桥原来有着"显赫的身份"：它出生于公元 875 年的唐朝，距今已有 1100 多年了。传说此桥是当时的皇帝下旨兴建，可以说是一座"含着金钥匙出生"的桥，深受皇宠。它的原名"依君桥"，当时许多官员心生嫉妒，认为"君"指皇帝，将"君"刻于石桥上，以"君"取名，是对皇帝的不尊不敬，由此改名为"依锦桥"。

关于这座桥，在民间还流传着另一个故事。说是一位出生于当地的高官，衣锦还乡时捐建了这座桥，所以取桥名为"衣锦桥"。据考证，古桥建造的年代正值吴越国王钱镠的青年时期。当时的钱镠武艺高超，屡立军功，在官场更是意气风发，春风得意。887年，钱镠在杭州当刺史，百姓依着他的心意，将"半山桥"改为"衣锦桥"。前尘"锦"事虽成云烟，但"半山衣锦，荣归故里"的美好愿景代代相传。

倪氏娘娘

显迹护国

半山本名皋亭山，如今被人们称为"半山"，应与"半山娘娘庙"有关。

关于半山娘娘的故事，民间有不同的传说。其中，明嘉靖年间少保胡世宁撰写的《撒沙夫人庙记》记载，倪氏因"饥寒交迫"而死，有一天晚上托梦给赵构，说宋金两军将交战，那时她扬起沙子就可以助阵宋军，使金军目迷而败走。第二天两军交战，果然梦境成真。宋兵趁机杀入敌阵，斩俘无数，金兵大败北遁，宋金从此分江而治。宋高宗赵构即位之后，因半山娘娘倪氏逝后显迹护国有功，敕封"撒沙护国显应半山娘娘"，立庙塑像。

据说，庙内时常出现七彩神猫。于是倪家先辈就捏出一只只泥猫供奉在庙里。渐渐地，半山一带就有了从娘娘庙请一只泥猫回家的习俗。将泥猫放在蚕匾或蚕架上，不

仅能护蚕、消灾、祛邪，还能保佑家道昌顺。

倪氏娘娘显迹护国的故事从南宋流传至今，依旧令人肃然起敬。半山娘娘庙虽几经损毁、重建，但香火仍延续至今。

文天祥『皋亭抗论』

　　半山作为杭城东北部的天然屏障，是南宋临安城的防守要隘，更是南宋忠臣、民族英雄文天祥"一身孤勇上半山，浩然正气留丹心"的地方。

　　1274年，宋度宗去世。刚刚建立元朝的忽必烈乘人之危，在南宋国丧之时出兵，一路势如破竹。一年以后，元军主帅伯颜率兵席卷而下，直逼临安。国难当头、生死存亡之际，"暖风熏得宋廷醉，只把临安作汴京"，南宋皇室却偏安一隅，只求早日投降，苟且偷安。在丞相陈宜中贪生怕死、仓皇逃难的时候，文天祥临危受命，辞相印不拜，以学士身份赴皋亭。由此，文天祥的"皋亭抗辩"便在历史上留下了浓墨重彩的一笔。

　　英雄深知仅凭一己之力无法扭转乾坤，挽救积贫积弱、内忧外患的南宋朝廷于水火之中。但是，国难当头，舍我其谁！即使这一去失败了，也义无反顾。文天祥虽然身为阶下囚，但他始终不卑不亢，宁死不屈，最后于 1282 年英勇就义，以身殉国。半山衣锦桥畔至今屹立着文天祥的塑像，纪念这位忠君爱国的古代英雄。

十里钢城

焕新 数字脉动

　　说到半山工业，就绕不开杭钢。1957 年春，来自全国各地的数千名劳动者用手中的镐头和铲子将流入浙江钢铁厂（杭钢前身）的京杭运河支流打通，从此连接杭钢心脏的动脉被打通。

　　心中有志者，山海皆可平。浙江钢铁厂选址半山，然山若不平则无地建厂。愚公移山的场景真实地发生在了当时钢铁厂的建设过程中。没有重型挖掘机械，建设者用他们坚实的臂膀和勤劳的双手将约 40 万方土移走。一座小山不见了，喷薄着热烈铁水的浙江钢铁厂建成了。一年后，一股滚烫的铁水在高炉中缓缓流出，背面印有"十五年赶超英国"的铁块也被浇铸出来。铁百炼而成钢，同年 5 月，比铁水更加炙热的钢水也在一号转炉中被冶炼出来。

　　此后的几十年中，杭钢高炉中的铁水便一直在沸腾。改革开放后，杭钢发展迅速，鼎盛时期半山区块一度有"十里钢城"之称。

2015年，杭钢集团以壮士断腕的精神和勇气，用150天时间安全关停了半山钢铁基地。巨大的烟囱不再冒烟，现代化大数据存储机房巍然耸立。昔日浙江最大的工业企业成为历史，取而代之的，是以钢铁智造、现代流通为战略优势产业，以节能环保、数字科技为战略性新兴产业，把发展数字经济作为企业新旧动能转换的主战场的新杭钢。

人类非遗

半山立夏

在半山街道，有一张民俗文化金名片——半山立夏习俗，2016年被联合国教科文组织列入人类非物质文化遗产代表作名录。

半山街道所辖区域作为立夏习俗的核心传承地，旧时民众多种稻、养蚕，是典型的江南农耕文化聚集区。如今将民俗融入生活，出现了不少有意思的传承方式。比如"燃香灯、驱五毒"的"送春迎夏"仪式；用石头支起锅灶，自烧自吃，吃烧"野米饭"仪式；以立夏吃了乌饭，小孩子不怕蚊虫叮咬，身强体壮不生病，保一夏平安为旨意的"乌米饭"仪式；等等。

其中，最有意思的是"称人"仪式，它是用传统秤杆给男女老少称重，看看一年的胖瘦变化。称重现场，司秤人会边打秤花，边说吉祥之语，祈愿大家身体健康，安然度夏。"称人"习俗源于三国时代。三国后期，魏、吴、蜀并立抗争的局面因三方力量的消长变化而渐趋崩溃。司马昭发兵消灭蜀汉后，担心蜀地臣民不服，所以封阿斗为安乐公，而阿斗受封那天，正是立夏。司马昭当着一批蜀汉降臣的面给阿斗称了体重，并表示以后每年立夏都称一次，保证阿斗每年体重不减，以示未受亏待。后来民间纷纷效仿，形成风俗。

乾隆赐名 万善桥

　　"万善桥"就是现在康桥横街的康家桥，隋炀帝大业十二年建成，桥身古朴大气，倒映于绿波之中，与周围葱茏的草木交相辉映，风景如画。"万善桥"的名字来头可不小，据老一辈人说，这里还是乾隆皇帝南巡的必经地。

　　乾隆皇帝下江南时有一次路过杭州，被两岸风光深深吸引，小船不知不觉驶入运河的一条支流，于是决定上岸看看这里的风土人情。令乾隆皇帝不解的是，一家肉铺老板免费送了一串上好的猪排给一位衣衫褴褛的男孩，只在他耳边小声说了几句话，男孩便感激涕零匆匆离开了。乾隆皇帝十分奇怪便上前询问，肉铺老板乐呵呵地解释道："他家很可怜，我就让他先赊账。在我们这里赊账是很平常的，大多数人一有钱都会立马还上的，若是碰上实在没钱的，那就当做件善事，不要紧。人总有困难的时候，能帮就帮一把。"乾隆被村民的善良淳朴深深打动，便赐这旁边的一座桥名为"万善桥"。

后来，为了纪念当地一户姓康的大户人家为村子做出的贡献，治平寺的住持将"万善桥"改为"康家桥"。如今虽然很少有人再提起御笔钦赐桥名的辉煌历史，但是康家桥淳朴善良的民风却一直绵延至今。

状元舍身救皇帝

在义桥村，有着一个感人的传说。

相传清朝年间，村里出了个文武双全的状元，常年服侍乾隆皇帝左右。有一年，乾隆皇帝沿着京杭运河巡幸江南，途经了状元的家乡。皇帝念及状元忠心的护卫和满腹的才华，又感受到状元的思乡之情，决定当天小憩在义桥村郁家塘。

然而此时，刺客们得知乾隆皇帝当晚会在义桥村小憩，便计划前来行刺。当晚，状元如往常一样睡在皇帝塌边，窗外窸窸窣窣的风声和异常躁动的虫鸣声，让从小生长在义桥村的状元察觉到了异样。他预感有一场灾难在悄无声息中迅速逼近，便果断地和皇帝互换了位置。刚换好位置，一个黑影越窗而入，手持利刃，直奔御塌，朝着里床刀起头落。顷刻间，状元身首异处。

为了感谢舍身救护自己的状元，乾隆皇帝命朝中画师画了一幅状元的头像，再命朝中御匠打造了一副金头。最终，这副金头被运到了义桥村，和状元的躯体合二为一，葬在了一起。

从此，状元舍身救皇帝也成了一个当地的传说故事。

运河入杭第一寺

　　宝积寺位于康桥街道义桥社区，坐落于京杭大运河东侧，是京杭大运河进入杭州市区的第一门户，被誉为"运河入杭第一寺"。

　　关于宝积寺，当地流传着一个令人动容的传说。

　　说是宝积寺原名草庵，其由来与一位女子分不开。前面讲过《状元舍身救皇帝》的故事，据传该女子便是故事中那位状元（亦即皇帝侍卫）的未婚妻。侍卫被刺杀的消息传遍乡里，已与侍卫交换八字定下姻缘的女子听闻噩耗，不顾家人和侍卫族人苦劝，坚持在墓地搭棚为其守节。女子有情有义的举动让侍卫家人感动不已，耗巨资为其建造了一座规模宏大的家庵，定名"草庵"，取"草虽柔弱却坚韧不拔"之意。据村中老人回忆，旧时草庵有大雄宝殿、天王殿、三圣殿、钟楼，供有如来、观音等佛像。草庵于1994年更名为宝积寺。

　　自清乾隆年间至今，宝积寺已走过了200多年的历程，经历了风雨的洗礼与岁月的侵蚀。作为运河入杭第一寺，宝积寺见证了船只的来来往往与运河的起起落落，更见证了当地人昔日的酸楚与今日的幸福。

寶積寺

老义桥的商贾文化

　　"江橙日渐赤，人集货鲜奇"，当公鸡首鸣，城门一开，挑着筐的人们就纷纷赶往康桥，心情愉悦，走路都像飞鹤舞动轻快的翅膀。卖家们沿着桥两岸一字排开，地摊、店铺众多。瓜果蔬菜、鱼肉虾蟹、桑蚕布帛一应俱全。

　　义桥老街依傍着运河，明清时是运输和烧香入杭的必经之地，到清末民国形成了义桥集市，人来人往，热闹非凡。新中国成立后，杭州城北主要发展工业，运河货运自然更加繁盛。一直到21世纪初，义桥码头仍是运河上重要的货运码头之一。集市和水运承载了古康桥的商贾文化。老街陪伴了老义桥祖祖辈辈的日出而作日落而息，承载了一代又一代人的回忆。

运河是交通要道，也是经济要道。那时运河流域的商贸经营依赖长途运输，需要在人地生疏的远方交易，双方交货付款，要人背车载，千里迢迢往返。古康桥的商人们十分讲求信用，如果信誉尽失，就无法立足，更难以保证人身和财产安全。因此，"诚信"是古康桥商贾文化的灵魂。

吉祥安宁

祥符桥

人们都说水是生命的源泉，祥符街道沿着一条清澈的小河孕育出民风淳朴的市井生活。一座祥符桥，将南北两岸的人们紧密联系起来。

"祥符"有吉祥安宁之寓意，也是北宋真宗的年号。真宗时期中国艺术领域成就颇高，祥符桥的建立和命名似乎与之有着某种联系。桥栏中部外侧各雕刻"祥符桥"字样，其中一边是阴刻的篆体字"祥符桥"，一边是阳刻的大楷"祥符桥"，这可能是中国古代阴阳结合的象征意义。

祥符街区自古以来人丁兴旺、物产丰饶。区内的宦塘河直通运河，过去是重要的"运粮河"，河上来来往往的船只运送着粮食、花卉和茶叶，河畔熙熙攘攘的人群听着戏、吃"三茶"。"那会儿河里的水多清澈啊！"白发老人背过手站在桥上感叹道。刹那间，我们

声祥道符

仿佛又能看到在水中来回穿梭的船只、在岸边淘米洗衣的妇女、一头扎进河水里的嬉闹的孩子们……

如今，当我们再次走过祥符桥，随意踏进祥符桥传统风貌街区，总会收获到意外的惊喜和人们热情的回应。

康王渡驾桥

康王报恩

渡驾桥是南北向的平面单孔石头板凳桥，单孔约 7 米长，桥面长 16 米。渡驾桥所在的河道是清湖河支流，河道曲折蜿蜒，东西贯穿，水陆运输便捷。过去，南北两岸没有桥梁，人们只能靠船只和竹筏摆渡过河，非常不便。渡驾桥连接南北两岸，方便了当地百姓的出行和交往。渡驾桥附近还有一段广为流传的民间传说。

相传在宋朝时期，徽钦二帝听信奸臣之言，导致国破家亡，被金兵俘虏软禁于北方。后来，小康王继位，也不听忠臣之言，导致北宋半壁江山失守，金兵长驱直入，一路追杀康王赵构。康王率兵南逃，逃至清湖河一带，但河道挡住了南逃的去路，这时金兵追至，布袋形状的地理位置让康王陷入极度危急的境地。康王心急如焚，恐怕会在此丧命。然而，天助康王，南岸停泊了一艘小船，康王急忙向船夫求助渡河。船夫听到呼救声后，驾船行至北岸，渡过了河。康王成功逃脱，一直逃至临安城（今杭州城）。

于是，康王修筑城墙，坚守城门，抵御金兵的进攻。金兵退却后，康王为报恩，就命人在当时摆渡过河的地方建造了一座桥。石桥建成后极大地方便了附近百姓的进出，当地老百姓为了感恩就取名为"渡驾桥"，这段历史故事广为流传，成为渡驾桥的一个传说。

杭城 三月 花神节

暮春三月是百花争相绽放的好时节。相传农历二月十二是百花生日，百姓皆以是日天气晴朗，为万物成熟之吉兆。千门万户多值此日祭拜花神、踏青赏红、植花护木，但求花神保佑时年万物生长，花木繁茂。

"花神节"是杭州民间的传统节日之一，清代诗人蔡云曾赋诗道："百花生日是良辰，未到花朝一半春，红紫万千披锦绣，尚劳点缀贺花神。"所歌赞的就是这"二月半"的花神节。

杭州祥符花园岗原是南宋王朝的园林基地，以盛产各种名贵花木及盆景闻名，享有"丹桂玉兰之乡"的美誉。清咸丰年间，祥符建花神庙，庙基高大，气势雄伟，傍花皇菩萨与十二花神。每逢花神节，借着大运河的水利船运之便，祥符总能吸引许多远近乡里、花卉商客纷至沓来。节日当天热闹非凡，不仅白天举行花神升轿仪式，摆花市展花、卖花、赏花，献香礼拜化神，夜里还会搭台设戏，挂花神灯、赋诗品茗等借以玩赏花意。

如今，祥符花神庙原址上建起了运河体育公园。承载着十二花神以及历代花卉、诗词文化的祥符"花朝习俗"，正在以新的方式继续传承和发扬。

胡雪岩㉚建古星桥

大运河是保留人类文明的历史长廊，而祥符境内纵横的河道不仅见证着当地的发展变迁，还流传着一段佳话逸闻。

据传早年间星桥村与附近村子的沿河地段没有修建任何桥梁，村民们要是想渡河，除了花钱找人摆渡就是绕河远行数里，出行十分不便。有一天村民们聚集起来共同商议捐钱建桥的事，正当大家因为钱不够而发愁时，有人提到"红顶商人"胡雪岩平时多行善举，没准会愿意帮忙，于是星桥村立刻聚集了远近七个村的代表共同去求助胡雪岩。胡雪岩为人正直，乐善好施，看到村民们的拜帖后当即决定要捐建古星桥，附近的村民都非常感谢他的善举。

古星桥于清朝光绪七年建成，它东西横跨京杭大运河的分支西塘河，是一座小巧玲珑的半圆形单孔石拱桥。古星桥全长 24.6 米，宽 3.61 米，拱形的券顶刻"海龙王庙"圆形图案，桥面平台雕刻"平升三级"图案，桥两端则各有 23 级的石踏跺，桥南正中的栏板下刻有桥名，题记和如意头纹饰。

时光荏苒，如今古星桥已然成为历史文物，它将长久地屹立于水面之上，不断提醒着人们回首往事，并将继续见证杭州的繁华今日及遥远未来。

从大河造船厂到运河天地

坐落在运河畔的大河造船厂与周围的中国刀剪剑博物馆、中国扇博物馆远近相接，互相呼应，共同融为运河一景。河岸边依然保留着下水坡道，厂房里依然放置着车床。沉寂的大河造船厂曾是杭州船舶业数一数二的龙头企业。

1958年，杭州拱墅国营造船厂成立，1959年更名为杭州大河造船厂。大河造船厂建筑群建于20世纪60—70年代。1971年，受市政府、交通局和杭州造船公司委托，大河造船厂独立自主研发的警卫艇，分别用于美国总统尼克松和日本首相田中角荣访华时游览西湖专用船舶。1973年大河造船厂开始承担军工登陆艇的制造任务，后来发展为中国人民解放军总后勤部定点生产厂家。20世纪70年代是大河造船厂的全盛时代。80年代末90年代初，大河造船厂先后制造了10座钢结构人行天桥。此后，大河造船厂还参与研

发了多种民用产品，如电动自行车、高压静电除尘器等产品。

现在，大河造船厂已经搬迁。老厂区保留的9幢老厂房和老仓库已经作为工业遗产，被列入杭州第五批历史建筑名录。利用这些老厂房和老仓库，一座集餐饮、娱乐、休闲为一体的生活广场"运河天地"正吸引着许多年轻人来此打卡。

今古并存的和睦桥

在登云路与西塘河相交之处，横卧着三座桥，最宽的叫登云大桥，边上则是新和睦桥，而在新和睦桥旁还依偎着一座小石桥，这便是古和睦桥。也许是与一旁的新和睦桥对比过于悬殊，若是不仔细寻找，路过的车辆行人很难发现它。

虽然不知古和睦桥因何而名、始建于何时，但据史料推测其始建时间应该是明万历之后，1784 年以前。桥的两侧栏板均有重修的年号题记并做成了"霸王靠"的形式，方便人们在桥上纳凉、休息，现在已残损。北侧的莲花头望柱上则写有"虹跨东西千门焕彩，霓飞南北四景腾辉"的对联。

关于桥名的由来，还有一段传说。明末清初，一对不和的孪生兄弟分别住在西塘河两岸，老了之后又想重归于好，但双方碍于面子，都没有主动表达。有一天，经高人指点，他们从各自的河岸边造桥，等到两侧的桥合龙相接时，兄弟俩不计前嫌，又回到了当初和睦相处的状态，因此这座桥就得名"和睦桥"了。还有一种说法是和睦区域作为运河边的商贸重地，"以和为贵"便自然成为一种普遍的价值追求。《国语·越语下》中说道："五谷睦孰，民乃蕃滋。"韦昭注："睦，和也。"说明"睦"又含有"和"的意思，简而言之，就是倡导和睦的社会风气。

《杭州府志》中有"和睦，会安桥直北跨河，今省呼睦桥"的记载，这里的"睦桥"就是对和睦桥的简称。

隐藏在围墙边的兴隆桥

在启航中学（原名和睦中学）东围墙边，曾经的李家桥河上静静横卧着一座兴隆桥。桥正中的栏板上刻着"兴隆桥"三个大字，两头宽，中间窄，南北两侧各有一对望柱，但上面的文字已难以辨认，在拱券的龙门石下方，还依稀可见"双凤朝阳"的图案。

与和睦桥一样，这座桥同样不知确切的修筑时间和桥名的来历，但在附近的老人口中，它极有可能是曾经"湘娥桥"的变名。《杭州府志》卷六中记载了以和睦桥为参照坐标的另外三座桥，分别是三仙桥、古塔桥和湘娥桥。而在方言里，"湘娥"和"兴隆"的发音很接近，因此很有可能是错念成"兴隆"，之后又逐渐被固化并被寄予"兴隆"之期。

如果不是 2016 年那次针对李家河的水域整治行动，我们也许永远都不知道兴隆桥的存在。这座古桥可能至今还掩埋在学校的围墙边，默默旁听着现代社会的声音。幸运的是，它被发现了，它所见证的运河水系发展史、漕运史，以及人们赋予它的兴隆之寓意，都将如白昼之光，引领人们不忘初心，继往开来。

民族机械造纸工业拓荒（者）

华丰造纸厂，是浙江省第一家机械造纸厂，也是国内最早生产卷烟纸的厂商之一。历经百年，它早已成为我国近现代民族机械造纸工业发展的一个缩影。

1922 年 1 月，俞丹屏创立了武林造纸厂，这就是华丰造纸厂的前身。1934 年，竺梅先带领技术人员，筹措资金，学习国外经验，经过反复试验，终于成功研制出了中国造纸行业第一张合格的卷烟纸。

1949 年，华丰第二台长网造纸机投产，产品从单一的黄板纸，发展到能生产高级薄型纸、卷烟纸和多种高档纸板。这一历史性

的突破，奠定了华丰在中国造纸界的地位。1956 年，为解决生产高级报业原料困难的问题，华丰仅用四个月就建起了一套日产 17 吨的竹浆工程体系，不仅利用了浙江丰富的竹资源，还可以将多余的竹浆运往上海支援其他纸厂。后来，电缆纸、电话纸、防潮原纸等多品种工业用纸问世，多缸多网造纸机、铁木结构小造纸机等自主研发设备的不断涌现，完美演绎了 "Made in 华丰" 这个在当时具有时代意义的词组。一步步，坚实前行。华丰的生产规模发展成为全国 32 家重点造纸企业之一。

2017 年，华丰迁址安吉，为了保留华丰记忆，传承华丰精神，华丰社区建起了文化家园，把厂里的老物件、老照片都收集起来，用心汇编《纸韵华丰》，并对外展陈。

百年华丰的红色基因

纵览华丰造纸厂的百年奋斗路，它的身上不仅闪耀着我国民族机械造纸工业的先行者的光芒，更重要的是它的基因里始终凝聚着令人动容的一抹红。

抗日战争时，总经理金润庠作为上海商会常务理事，一直致力于劝募物资，支援抗日军队作战。《杭州市轻工业志》中记载："华丰造纸厂的职工具有优良的革命传统，在日本侵占杭州时发扬爱国主义精神，反对与日本合作办厂。"1947年8月，华丰的机械工人参加了全市铁业工人"反内战、反饥饿、要求增加工资"的罢工游行。

1951年，抗美援朝战役打响，中国人民抗美援朝总会发出了"关于推行爱国公约、捐献飞机大炮和优待烈属军属"的号召，华丰立即响应，开展了轰轰烈烈的群众性增产节约运动，厉行节约，勤俭建厂。职工们纷纷投身到爱国增产捐献活动中，将增产节约的 80% 捐献出来。6 月，金润庠在杭州市工商界认捐武器动员大会上率先响应，代表华丰认捐战斗机一架，折合旧币 15 亿元。同年 12 月，华丰职工和资方又捐献两架"华丰工人号"战斗机，在全省工商界轰动一时。

　　红色精神催人奋进，百年华丰开启了它的新征程，但那深藏在华丰人血液里的红色基因终会被赓续。

西塘河连接两大文化遗产

　　造纸离不开水。华丰造纸厂的老厂边有一条西塘河,它既是造纸厂的水源,又是纸品运输的通道。西塘河一头连着小河直街,一头通向余杭,它是大运河水系的南北主河干道,更是连接良渚与大运河这两大世界文化遗产的自然纽带。

　　据文献记载,宋政和七年(1117)废西乡广德湖,并开挖西塘河和中塘河。因此,今日的西塘河已承载了近九百年的历史,它也成了杭州的一条记忆之河,沉淀着城市过去、现在和未来。作为"七务六关"之一的板桥关东西横跨在西塘河上,这里正是曾经杭城北大门的关隘,到了民国,有了公路,板桥关才被新祥符桥所替代。西塘河也曾孕育一片耕读之乡,时至今日,我们依然能从板桥北面的古星桥上,看到那幅寓意平(瓶)升三级(戟)的雕刻,领略耕读的风尚。

2013 年 3 月下旬，在整治西塘河的过程中，一块随施工翻土露面的陶片引起了人们的重视，考古人员随后来到了现场，经查证将其命名为良渚文化的"吉如遗址"。从此，西塘河与古文明的交汇被世人所见证。

　　现在的西塘河畔，建起了许多商铺，修缮了码头，成为一道具有浓郁江南特色的风景线。

俯仰沙田故地，最难忘却的，是奋斗的旧时光。看艮山门外，养蚕缫丝织布，稻花香里说丰年；听打铁关前，叮铃哐啷不绝，金戈铁马锻利剑。桥是旧的，路是新的，潮王难再，瓦肆不复，工厂变迁，名扇流传。不必惊慌，肯创造就有新天地。

第三篇

The old haunt of Shatian

沙田故地

ZHAOHUI
WENHUI
DONGXIN
SHIQIAO

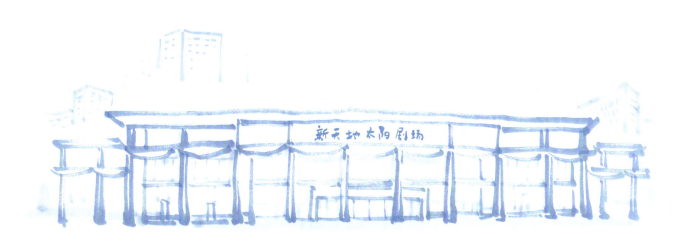

潮王石魁 ㉘ 海镇潮

潮王路由东向西连通运河和绍兴路，中间被河东路、上塘路分为三段，其中"王"字带来的威严和庄重，透露着它的不平凡。说到"潮王路"这个名字的由来，就不得不说潮王的故事。

传说唐朝长庆年间，水患频发，粮食绝收，民不聊生。这时，有个叫石魁的人挺身而出，不惜用尽自家的财产为乡里修筑堤坝，抵御潮水泛滥，后来他在一次修补海堤缺口时，不幸坠入海中身亡。不过，在他死后乡里就很少受到水灾的侵扰，甚至在几次危难时刻，也总能转危为安，化险为夷。乡民都认为，这一定是石魁显灵，护佑着一方平安。后来，官吏将此事上报给了朝廷，当朝的皇帝听闻后追封其为潮王。

人们为了纪念潮王，在当地修建了潮王庙，专门用来供奉这位民间英雄。庙里香火繁盛，大殿、厢房、戏台一应俱全。到了蚕花娘娘时节和一些民间重大节庆活动，四面八方的乡民就会乘船云集此地，热闹非凡。最后一座潮王庙坐落于现在的朝晖八区，20世纪60年代被拆。

今日的潮王桥也是按照潮王的神话传说建造的。潮王桥两侧桥墩上有潮王石像，只见潮王以鲤鱼精为坐骑，手拿着降妖宝叉，威风凛凛地怒视着河心，似乎随时要与水中的妖魔一拼高下。

施家桥
泄洪出东关

被誉为"杭城第一运"的上塘河，自古以来就立着许多石拱桥，屹立于上塘河源头的施家桥便是其中之一。

施家桥是如何修建的，在上塘河流域有很多传说。相传，南宋年间，杭州泛洋湖一带屡遭水灾，当地百姓常年忍受水患之苦。当时，杭州有一位施姓官员，曾命人在南真道馆前的上塘运河之上修建一座石拱桥，以泄泛洋湖水出东新关。桥梁建成之后，为方便当地百姓出行，施姓官员还命人在桥梁旁边建造了一座凉亭，供过桥的行人歇脚。后来，这座桥梁不仅成为南宋时期西湖水利工程的重要组成部分，还在当地百姓心中留下了永远也抹不去的记忆。当地人为纪念施姓官员的善行和恩德，便将这座桥取名为"施家桥"。

旧时，施家桥至泛洋湖一带多种桃树，有"春桃一片花如海"之誉。对于此番美景，诗人徐堂有《施家桥桃花诗》："万树桃开处，行偕鸥鹭群。石桥通绮陌，茅屋锁红云。景好惟三月，春过已二分。只愁风雨恶，溪畔落纷纷。"

梅兰芳独爱王星记

扇，在京剧表演中有重要作用。著名京剧表演艺术家梅兰芳手中的扇子，从 20 世纪 30 年代起，就都从杭州王星记扇厂专门订制了。

有一次，梅先生在上海演出贵妃醉酒，却在演出前听闻，演艺贵妃醉酒时必不可少的道具、王星记特制的泥金牡丹扇不见了。梅先生在片刻惊慌之后很快镇定下来，决定现画一把。梅先生打开抽屉，取出一把白扇，随即挥毫泼墨，不多时，牡丹花便开在了扇上，临时制作的扇子虽不及王星记精巧，临时补救却也是足够的。演出最终完美落幕。事后，梅先生立刻派人到王星记，请老师傅再做了一把泥金牡丹花扇。

梅兰芳先生爱扇、画扇、藏扇，扇子在他 50 余年的京剧生涯中扮演了重要的角色，其中王星记扇庄为他特制的扇子更是不可或缺的一部分。要问梅兰芳先生如此钟情于王星记扇庄的扇子的原因，或许便是匠心吧：一个是以匠心演绎好每一幕戏剧，一个是以匠心制作好每一把扇子。

因铁匠铺而名的打铁关

打铁关，听起来就是个很有历史韵味的地方。虽然如今它只是个地名，但民间的传说，却为其增添了几分传奇色彩。

北宋后期，艮山门外的乡野村坊盛产蚕丝，这里民风淳朴，桑田遍地，百姓们皆以丝绸织造为业，引来了周围村庄的仿效，俗称"艮山门外丝篮儿"。在一片机杼声中，有一个小村庄发现了新的商机，他们转织布为打铁，令人称奇！

原来，日夜运转的织布机内部损耗极大，如若另辟蹊径开几家铁匠铺，专门打制织机铁件，也是一条生财之道。于是，村民们请来了铁匠，架起了炉子，随着炉膛内的火苗蹿起，打铁铺就此开张，从此开启了打铁村的历史。

铁匠技艺精湛，小村庄打铁的生意越做越红火，吸引了不少城内官府的织造衙门前来配货，也得到了衙门的青睐。一位官差给村民们带来了好消息："各位高邻，你们这个小村坊脚下乃是一块黄金宝地啊。此地应了'扼水道、占通衢、据要冲'之利，日后必是发达之处，十有八九定会在此地立关建隘，守兵竖旗。恭喜尔等子孙有福，前程无可限量！"

多年之后，真应了当年那位官差的话，小村庄脱胎换骨，被赋予极有特色的地名——"打铁关"，成为杭州的"十门六关"之一。

岳飞部将
杨再兴 ㉛㉒㉘ 抗金

民间传闻称，南宋初年岳飞曾在岳帅桥安营扎寨，并在打铁关铸造兵器。这种说法虽然早已被历史学家证伪，但作为南宋都城所在地，杭州的大街小巷中到处留存着岳飞抗金这段浩气长存的历史的印记。

岳家军军纪严明，作战勇猛，金人有"撼山易，撼岳家军难"之语。杨再兴就是岳家军旗下一名抗金猛将。

当年杨再兴率领的三百宋军在河南小商桥与两万金兵遇上，发生了抗金史上最惨烈的一战。杨再兴骑着马、拿着箭，虽然两军人数相差巨大，但他并没有退缩，而是勇往直前、奋勇杀敌。他以万夫不当之勇杀死了金军士兵两千多人以及金军将领万户撒八孛堇、千户一百人。即使杨再兴有以一敌千的实力，最终也还是因为金军人数实在庞大而战死疆场。

因杨再兴的忠诚与誓死抗敌的情义，朝廷封他为"威武侯"，并且以他在艮山门外居住的别院作为庙，称作"杨墅庙"。这座杨墅庙是老底子杭州百姓非常敬重的地方，后来被改为学堂，如今是京都小学流水校区。

沙田里的瓦子文化

　　沙田里始名于宋代，泛指艮山门外至打铁关一带，因其地近海，初垦时为沙田，故名。从瓜果蔬菜集市起步，沙田里逐步发展形成了独具特色的瓦子文化。

　　宋代瓦子勾栏遍布，零卖杂货来自五湖四海，小吃名点云集其中，娱乐杂耍随处可见。最热闹和出名的便是丰富多彩的演出和不绝于耳的音乐了。街上灯火通明，行人络绎不绝，酒楼里嬉闹声、谈笑声，简单的栏杆装饰，挡不住优美动人的杂剧、影戏、诸宫调、小唱，形式各异、数量繁多。悠扬的声音响彻整个后范浦镇，直到三更天才慢慢散去。五更时分，便又开张了。活脱脱就是"耍闹去处，通宵不绝"。"艮山十景"之一的"沙田红灯"令过往商贩钟情，文人骚客也乐于在此吟诗作赋，"武林书会""城隅书会"相继成立，《砚香斋诗钞》《沙田晓市》等均是此地繁盛景象的写照。

人烟阜盛、商贾云集。时光流转间，旧貌换新颜。昔日沙田里的瓦子在岁月洗礼中已经不复存在，曾经在此附近还有瓦子巷，如今也没有了，但这种市井的、爱热闹的文化已成为杭州城市的一抹底色。

皇帝(诏)(敕)『明理之乡』

文晖辖区内的沙田里，曾是宋元明清时杭州城北重要的商贸之地，因为地近海滩，初垦时皆为沙田，故而得名。

明洪武初年沙田里建造了申明亭，推举当地德高望重的乡贤来担任调理"民间争斗及户婚词讼"之事。后建造了旌善亭，凡是当地的孝子顺孙、义夫节妇，受到表彰的人都会记录在旌善亭上。

据传，当地有一位名叫"诸荣"的年轻人，因其父母早逝，家道中落无人教导，整日游手好闲，与邻里关系也十分紧张。在申明亭做调解教化的乡贤倪德方得知后，便把诸荣等相关众人一同请来，经其调解众人关系缓和。

受乡贤倪德方的影响，当时沙田里最大的茶馆——清月茶馆店主陈祖荫邀请倪德方到茶馆给百姓讲处世之道。"德教加于百姓、刑于四海而礼无不行。"一时沙田里被上级称为"模范教化之乡"。后来杭州府给申明亭和倪德方颁了奖，皇帝诏敕沙田里为"明理之乡"。

挺起中国脊梁的杭氧空分设备

　　乘坐 8 路公交车，在东新路德胜路口下车，就来到了武林之星博览中心。老杭州人都知道，这里以前是著名的杭州制氧机厂。

　　1985 年，一位德国专家被邀请到杭氧教授他们空气分离设备流程的知识。但是，专家的漫不经心、闪烁其词让杭氧的员工们感到失望，于是他们决定自主研发。每一个小数点的失误都可能导致功亏一篑。他们严谨细致、精益求精，进行了无数次反复运算。180 多天的昼夜不停歇，他们在流程计算书上写下了最后一个阿拉伯数字，空分设备计算流程方法成功诞生了。这一创举，为国内新一代空分设备的开发奠定了坚实基础。

　　2009 年，杭氧把 32000 立方米 / 小时的空分设备卖到德国，这是一套"民族为之骄傲、比肩世界技术的"空分设备，也是中国第一次将大型成套的空分设备卖到它的发源地。杭氧老一辈员工的艰苦拼搏精神，激励着新一代的科技青年，用"中国科技"挺起"中国制造"的民族脊梁。

现在的杭氧旧址，不但完美保留了老杭州工业时代的历史风貌，也被注入了现代潮流活力。这里举办了2021和2022ADM展，第二十三和二十四届西博会，2021中国国际丝绸博览会等一系列重要展会。

三塘石相

护平安

东新街道上坐落着一个祠庙。祠庙坐北朝南，一棵粗大的樟树华盖门前，这便是石相庙。庙内主要供奉的石义菩萨源于民间传说人物——石义。他被当地人视为善良勇敢、除暴安良的象征。

传说石义与结义兄弟王恩路经钱塘，见众人惊慌，哭喊着追赶蛇妖，这蛇妖还缠住一个姑娘。石义见状立刻张弓搭箭，射伤了蛇妖。蛇妖被射伤后，流血不止，还掉下一只绣花鞋。石义捡起绣花鞋，决心搭救那位姑娘。王恩听说被蛇妖掳去的姑娘，是勇平王高斌之女高蔼霞，便假意跟随石义相助。他俩沿着血迹，找到蛇妖藏身的洞穴。石义冲入洞穴与蛇妖搏斗，王恩看守洞口。当石义将高小姐救出来后，王恩搬石堵死了洞穴，背起昏迷的高小姐去冒功骗赏。高老爷为了答谢救命之恩，决定招王恩为婿。石义则被困洞穴数日。最后得白兔仙子相助，逃出洞穴。石义来到高家归还绣鞋时，正逢王恩和高小姐拜堂成亲。经高小姐亲自盘问，认出石义乃救命恩人。高老爷勃然大怒，下令杀了王恩，挽留石义为婿。

石义与高小姐夫妻恩爱，广施善缘。为了纪念他，当地百姓自发募捐建造这座石相庙，还打造了一尊"石义菩萨"，供人烧香拜祭。

杭州重机

焕彩
(蝶)(变)

杭州重型机械厂始建于 1958 年 8 月，最早主要生产挖掘机。20 世纪 50 年代至 70 年代，随着浙江工业化的进程迅速壮大，成为浙江省重要的机械制造企业之一，并转型生产重型机械设备。20 世纪 80 年代，杭重机生产的首批 500 吨以下的桥式起重机成功投入使用，进入了重型起重设备制造领域。此后，杭重机不断加强技术创新，拓宽发展范围，一跃成为制造业龙头。

走过坎坷与光荣的发展历程，杭重机的每一步都是勇气与拼搏的写照，每一次的突破与成功都是智慧与创新的结晶。正是这种勤劳与创新精神，贯穿了杭重机的始终，创造了一个行业巨擘。

近年来，随着城市的发展及产业布局调整，杭重机搬往临安青山湖工业园，杭重机的工业遗存也随之蝶变为杭州"新天地活力 PARK 广场"。曾经的钣焊车间、铸造车间、装配车间等老厂房，就像被施了魔法，变身为潮流时尚的太阳马戏剧场、星光文化广场、文化艺术中心、活力 PARK 酒吧等。厂区内原有的铁轨、蒸汽火车、龙门吊等，也被作用于公园、广场等景观中，成为特色元素。

　　老厂房故事展、创意设计展示、跨界艺术体验……这些活动为老厂房注入了时尚、潮流的艺术气息，提升了其文化价值，拼接起那些逐渐消失的时代碎片，也为这座城市的美好未来赋予更多的可能性。

杭锅旧厂房

变身

文艺中心

斑驳的砖墙、高大的钢梁、威武的吊车……在艮山门外的打铁关，一众包豪斯风格的建筑带来了工业时代独有的震撼。60多年前，作为杭州工业发展标志之一的杭州锅炉厂在这里拔地而起，而今，它以工业遗存的形式留在世人的记忆里。

1955年，公私合营杭州锅炉厂在东坡路59号成立，1958年改为地方国营杭州锅炉厂，迁至东新路245号。最多的时候，有3000多名职工在这里工作、生活，烙下了深深的城市印记。2013年5月，杭锅正式迁出东新路。搬迁后保留了3幢旧厂房，凭借其与生俱来的艺术气质，延续着强大的生命力。

机器的轰鸣声不再，取而代之的是各类艺术展览、演出和文创体验活动，粗犷工业气质与文化创意融为一体，为旧厂房注入了新活力。2014年7月，百老汇创意秀《极限震撼》在这里上演，400多名工程人员接力14天完成秀场搭建，创造了杭州演出史上连续演出场次最多、舞台搭建时间最长、动用舞台工人最多的纪录。2021年7月，杭州爱乐乐团在此举办"乐颂·新生"音乐会，贝多芬第九交响曲的声音真实地"绕梁不绝"，《红船曲》所传达的"开天辟地第一桨"意象更加壮阔。此外，亚洲设计管理论坛暨生活创新展（ADM）、AW杭州国际时尚周等大型国际展览定期在这里举行，吸引着来自全世界的艺术家和创客。

时光流转，承载着城市记忆与创新未来的杭锅老厂房将继续滋养这座城市艺术创意的种子，展现出属于工业文明岁月独有的包容与厚度。

桃花漾里 说 石桥

石桥街道，得名于境内桃花漾上一座古石桥，桥名"通济桥"，始建于明嘉靖年间。虽然现在桃花漾边桃树不多，但从名字推断，想必旧时桃花开得也是艳丽无比！有诗为证："湖上桃花开已乱，溪上桃花发更狂。勾引春光太无赖，篱边直欲坐人床。"咏唱的正是原甘墩村（今石桥）人们争看桃花的情景。

老石桥为半圆单拱桥，拱圆的砌置方式是众平分节并列式，桥面以条石连接成桥栏。与一般的桥相比，这座三孔石桥更为小巧古朴，呈南北向，全长不过 15 米，两边加起来也就十几个台阶。厚重的青石栏板，也很少见。

俯身往下，桥基布满青苔，拱形桥壁两侧各有莲花雕刻，明确写着建造年代为"明嘉靖二十三年"，文保专家曾说，这样的石雕莲花座在杭州的古桥上都是罕见的。桥的四面桥墩上还有楹联曰：

"一箭春水开明镜，两岸桃花夹彩虹。""通畎浍以滋我稼，济往来而达行踪。"

　　杭州本是水乡，今半山桥、石桥路一带原为诏息湖，据《水经注》记载，此处为秦始皇巡狩所憩，故有诏息湖之名。也有老人说，老石桥的历史还要悠久，南宋时期，桥头两岸繁花似锦，茶铺、药铺、米店、豆腐店……方圆二十里内，除了艮山门，这里就是最热闹的集市了。

镇龙架桥 廻龙村

在中国文化中，龙是信仰、权力的象征。古代帝王被神化为龙的化身，称为"真龙天子"。经过几千年的演变，龙成为中华民族的伟大象征，海内外的中国人都自称为"龙的传人"。

相传在很久以前，廻龙村及周边一带是人杰地灵、远近闻名的风水宝地。此事传到了当时皇帝的耳朵里，皇帝当即派了风水大师到廻龙村一带勘验。大师一看，竟说此地是能出真龙的风水宝地。所谓一山不容二虎，皇帝岂容民间再出真龙。因此便要求大师做法破风水、泄龙气，以便自己江山坐稳。

廻龙村附近原先有两口井，传说就是龙眼；七弯八拐的小路都是石子路，传说是水路。风水大师先是填了两口井，再把石子路换成了石板路，等于

挖了龙眼，断了水路，把龙放在石板上烤，离开了水，龙便不得存活。这条龙试图逃跑，逃来逃去，逃到今永丰地界。风水大师又架起了一座桥，等于斩了龙尾，真龙格局彻底破坏，故而叫廻龙村。

古老的香樟树传说

　　传说从前在迴龙村上塘河边上有3棵香樟树，其中最大的一棵已经说不清有多少年的历史了。大香樟树像一把巨伞，日复一日，年复一年，为村民们遮风挡雨。村民们也习惯于闲暇时光一起在大香樟树下乘凉、消磨时光。村民们常说"树有多茂盛，村子就有多兴旺"，很多人都为村子里有这样一棵大香樟树感到骄傲和自豪。

　　相传有一日，电闪雷鸣，狂风大作，正在地里劳作的人们来不及回家，只好到大香樟树下躲雨。突然间，一声响雷，闪电劈中了大香樟树。人们纷纷想往家中跑，可是离家里还有一段路，瓢泼大雨挡住了回家的路。有胆子大的人回头见大香樟树依然屹立在那里，心想莫非是眼花看错了，大香樟树并没有被雷劈到。于是，人们又继续在大香樟树下避雨。不一会儿，雨停了，人们陆陆续续离开大香樟树，等到最后一位居民离开后，只听见"轰"

一声，大香樟树整个从中间裂开并倒在了地上。村民们见状，心里才知道，原来大香樟树被雷劈中以后，为了使村民得以继续躲风避雨，才坚强地屹立在那里。从此以后，虽然大家看不到这棵大香樟树了，但是大香樟树的故事一直流传了下来。

目前，河边只剩当时最小的一棵香樟树。

抗金救驾曹将军

　　石桥街道有个将军村，将军村里有个将军殿。将军殿西靠石桥路，东北连钱家塘蔡家浜村，南靠沪杭铁路。将军殿始建于南宋初，至今已有近900年的历史。它的建立是为了为纪念南宋爱国将领和民族英雄曹大将军。

　　公元1127年，金国灭辽后大举南下，侵占北宋首都汴京，并掳走徽、钦二帝，北宋由此灭亡。靖康之耻让北宋的幸存者陷入绝望，失去了反抗的斗志。于是康王赵构率领群臣南撤，一路仓皇逃窜。当康王赵构逃至浙江半山时，一位曹姓将领率部奋力抗金救驾。曹将军没有畏惧敌人的强大，他带领部下英勇抗争，浴血奋战，阻击金兵。康王赵构由此脱险，但是，曹将军因寡不敌众，最终为国捐躯。为表彰和纪念曹将军英勇杀敌、保家卫国、身先士卒的爱国精神，康王将其追封为曹大将军，并且下令在曹将军当年抗金侵略的鏖战地修建殿庙，浇筑雕像，命名为将军殿。每逢农历二月初四曹大将军的生辰日，当地百姓民众自发来此上香祭奠。

将军殿早已消失在时间的侵蚀下，但是，曹将军的英勇无畏仍然在史书中熠熠生辉，崇高的爱国精神也会在这片土地上永远地流传下去。

欢喜永宁桥的美好愿景

上塘河上有许多历史悠久的石拱桥，欢喜永宁桥就是其中之一。这座桥原名李王桥，桥长 47 米，宽 6.5 米，高 7.5 米。永宁桥始建于清乾隆三十五年（1770）。据《杭州府志》载："永宁桥在隽堰东北七里，旧为渡，曰李王渡，乾隆三十五年创建石梁跨大河南北。"

关于永宁桥有这样一个传说。传闻，乾隆年间桥下有一户人家，家中有位秀才。在一个寒冬腊月天秀才要出远门，家人送至永宁桥亭，两行热泪，一声叮咛，于是秀才写下一首离别诗《欢喜永宁桥作别》："悠悠上塘水，默默穿皋亭。草青岸积雪，河阔心永宁。风吹芦尽颓，叶落鸟孤鸣。念念难舍手，依

依相送行。"用此诗表达希望再见之时能够欢天喜地万世安宁的美好愿景，为永宁桥增添了厚重的文化色彩。

2017 年，欢喜永宁桥曾因为连日暴雨导致桥体发生部分塌陷，经过文物保护部门历时 9 个月的修复，焕然一新。

大运十八街

遇见别样拱宸，春风十里银湖墅，风采格外照人。一座拱宸桥，半部杭州史；一座北新关，天下通津志。苏轼的牵挂，姜夔的愁绪，汤显祖的戏文，王阳明的哲思，连同韩将军之忠勇、左亭侯之良善、大先生之精益，汇入千里清波，绵延万年。

第四篇

别样拱宸

Unique Gongchen

MISHIXIANG

HUSHU

XIAOHE

SHANGTANG

DAGUAN

GONGCHENQIAO

南柴北米
之
米市

米市巷，顾名思义就是米行集中的坊巷。米市巷是运河畔的一条历史悠久的小巷。它处于大运河、上塘河、古新河以及西溪河的交汇处。

宋《梦梁录》卷十八中写道："东菜西水，南柴北米。"这句话是旧时描述杭州城的日用物资供给方位的。简单来说，就是蔬菜靠城东门运入，水运靠西门出，柴木靠南门进，粮食靠北边来。大运河绕北门而过，下三府及苏、常等地的粮船则集中在北关湖墅一带，米行粮仓鳞次相接，犹如座座银山，因此北门又有"银湖墅"之美誉。而这里的北门，就与北米有关，指的就是隋朝时京杭大运河贯通后逐渐在湖墅一带形成的米市。明《西湖游览志》卷二十二曰："米市巷，宋时旧名也。"也就是说，南宋时在大运河畔以及武林门之北的湖墅一带是个集镇。米市桥和黑桥所在的米市里集聚了众多米行。每天"接客出粜"外地各式谷米"一二千石"，供应一百多万的杭州人口。无数的山客水客，从全国各地贩运客米来此。湖墅一带，凡船埠遍泊米船，沿街俱是米行。因人烟凑集，繁华热闹，故有"十里银湖墅"之称。

第四届

别样拱宸

新河坝

陡门春涨

米市巷街道的新河坝是一座古老的水利工程，它经历了数百年的历史沧桑，至今仍能让人们感受到古代水利文化的魅力。

新河坝遗址位于米市巷双辉一弄西，跨古新河，是大运河拱墅段"三塘五坝"之一。宋时有新河坝桥，桥以坝名。新河坝为控制西湖与运河水位差而设，昔有南北两陡门，西湖泄水时有"陡门春涨"景观，为古"湖墅八景"之一。旧时，古新河可通船只，到此需翻坝过船。昔日坝旁边有集市，坝附近有祀潮王的潮王庙。新河坝不仅是一座古老的水利工程，更是一种文化的传承。新河坝代表了中国传统建筑和古代水利文化的精髓，也是一处非常重要的文化遗产。河坝周围有不少居民祖上是苏北等地的船民，到这里上了岸，安个窝，以后一代代生活在了古新河边。

如今时过境迁，水道畅通无阻，只留坝桥上有重檐亭一座。但是古新河及新河坝现仍担当着调控西湖水位的作用，成为城市里一道靓丽的风景线。

醉是夹城夜月时

　　在湖墅夹城巷里，藏着一片月光，含着一段诗意，存着一缕忧愁。它便是"夹城夜月"。"夹城月色"是湖墅八景之首，相传农历中秋之夜，在夹城巷东面德胜桥观月，可见月亮从德胜桥冉冉上升，犹如月在桥上行，故称"夹城夜月"。

　　最先与"夹城夜月"结缘的是仁和人王洪，字希范。他也是最早发现"湖墅"地区景观文学风情的。他年少时才思颖发，十八岁就中了进士，永乐初年授给事中，入翰林为检讨，参与编修《永乐大典》，历任修撰、侍讲，后受到排挤，不被重用，与当时王称、王恭、王褒称词林四王。怀才不遇的他徜徉湖墅时作词题赏，写下了《卜算子》八首，概括、描绘了湖墅一带的八处风景，分别是夹城夜月、江桥暮雨、陡门春涨、西山晚翠、半道春红、花圃啼莺、皋亭积雪、白荡烟村，其中"夹城夜月"被誉为湖墅八景之首，写

进了《卜算子·夹城夜月》：孤月泛江秋，露下高城静，期着佳人夜不来，坐转霜梧影。吹彻紫鸾箫，宝篆烟消鼎，桂子飘香下广寒，银汉秋波冷。

站在德胜桥向北眺望那宽阔的运河水面，过去"月光满夹城"的情景依然可见。

左善人

"左善人博善济世名扬米市巷，庇民侯惠民修桥德颂临安城。"这是左侯亭前的一副对联。左侯名叫左世裕，他不是官员，而是一个自安徽桐城，贩米来到杭州，在运河边开米店做生意的人。

由于为人忠厚，卖米价格公道，从不克扣斤两，从不以次充好，因此他的米店名为"诚济米店"。在诚济米店附近的古新河上，原来有座小桥，但年久失修，不能通行，行人过往极不方便，老百姓过河要靠渡船。左世裕知道后，就决定从米店支出银子，在河上为老百姓建一座大桥。他画了设计图，请来了工匠，还上工地送茶送水。工匠们理解他的善心，很快便把桥建成了。附近的老百姓欢呼雀跃，敲锣打鼓来庆祝，还一致商定将这座桥定名为左家桥。

南宋建炎初年，大量中原难民南逃入杭，一时间，粮食紧缺。左世裕心急如焚，四处调粮，开仓赈济灾民。自家粮店的粮食吃光了，就用自己的钱财购进粮食继续救助灾民，钱财散尽了，他就动员妻子典卖首饰来购买粮食。在他的感召下，湖墅一带其他米店纷纷效仿，终于渡过粮荒难关。然而，左世裕济粮把自己辛苦一生所置的产业全部变卖光。后来他因病无钱求医，最后在贫病交加中死去。

为了表彰左世裕事迹，宋高宗敕封其为庇民候，并在此地建祠庙和左候亭。

韩世忠 德胜桥 横刀立马

　　沿着湖墅南路北行，右拐进入夹城巷，前方不远处便是那座跨越大运河的桥梁了。这座其貌不扬的现代桥梁原是杭州城北最重要的桥梁之一——德胜桥。本就承载悠久历史的德胜桥因一个人更具传奇色彩，此人便是韩世忠。

　　探其桥名，原与一场南宋兵变有关。就在临安北关门外，京杭运河的堰坝附近，南宋将领韩世忠的部队与前来应战的苗傅、刘正彦所率兵士相遇，双方随即展开厮杀。可想而知，苗刘之兵根本不是韩世忠所率部队的对手，几个回合下来，叛军就在堰坝附近被击溃。苗、刘两人不得不带着残余的两千士兵逃离临安。韩世忠的部队是在堰坝附近击溃叛军、取得大胜的，所以，这座堰坝就被人们称之为"得胜坝"。南宋初年，堰坝旁又建造了一座跨越运河的桥，原称作"堰桥"，后顺理成章地被唤作"得胜桥"，"得胜"两字后来被音讹为"德胜"。

卖鱼桥头
鱼担儿

在湖墅街道有一座家喻户晓的卖鱼桥，作为一个历史文化地标，它在杭州的知名度甚至超过了后来建设的各种大桥。早在明代，这里就因为鱼市繁盛而被周围的老百姓习惯性地称作卖鱼桥。也正是这个缘故，卖鱼桥天然地被赋予了一种从生活中萌发的市井味道，亲切而又可靠。

在桥边，流传着一个美好的传说：有一个家境贫寒的卖鱼小伙，为了给家中母亲治病，供年幼的弟弟读书，每天都要起早贪黑赶到桥上摆摊卖鱼。奸诈的鱼行老板见小伙子老实好欺负，便每次在活鱼里掺杂一些死鱼。有一天，桥头上来了一位奇怪的烂脚老人，穿着破烂，身上还散发出一股恶臭，独自在桥头叫嚷着脚痛，过路人都唯恐避之不及，唯独卖鱼小伙对老人心生同情并愿意掏出今日卖鱼赚到的所有钱给老人治病。这时，老人把贴在烂脚上的一片树叶揭了下来，在装鱼的水桶里搅了搅，桶里的死鱼竟然全都活蹦乱跳了起来，当小伙子回头再找那位老人时，他却早已没了踪影，原来那烂脚老人正是八仙之一的铁拐李。

从此，凭着那片宝贝树叶，小伙的卖鱼生意日渐兴隆，到桥上买鱼的人家也络绎不绝，"卖鱼桥"这个名字也就传遍了杭城。

龙狮相斗
珠儿潭

珠儿潭横直不过五六尺，从高处望去，它就像镶嵌在京杭大运河和余杭塘河交汇处的一颗古玉。潭中鱼和龟嬉戏，四周青石护栏挺立，潭底有水珠不断涌出，干旱时节潭水依然澄清。

关于珠儿潭的由来，有一个神奇的传说。据说当年龙井有一条老龙，狮峰上有一头雄狮。雄狮凶恶，百姓吃尽苦头，于是人们恳求老龙制服雄狮。老龙想为百姓出头，但无奈年弱，打不过雄狮，需获得百花仙子的清香露助力。村中少年历尽艰险最后取到了清香露，擦在老龙身上，老龙立刻像披上

了铠甲。第二天，龙狮相斗，一时间昏天黑地，无数个回合之后，狮子招架不住钻进山洞。老龙追到洞口，不防被狮子打掉了两颗眼珠，一颗落在西湖边的玉泉，化成泉源，人称珍珠泉；一颗落在湖墅，成一方塘，也就是珠儿潭。

拥有奇闻，是珠儿潭作为古迹的殊荣，更为之增添了一抹神秘色彩。

圣因接待寺_的良善传说

曾经作为"湖墅首刹"的圣因接待寺，也叫妙行禅寺，在宋代建成，历史上曾有宏大的规模。圣因接待寺曾经是京杭大运河通入杭州的重要咽喉要道，地理位置很重要。现在它的遗址坐落在文一路豪曹巷东侧，只是变得比较隐秘，被周围的企业、住宅、小超市簇拥着，不太容易被发现，但它的身上，却镌刻着关于运河的故事。

圣因接待寺有着曲折离奇的发展史。关于起源，在宋徽宗时，有一个和尚叫思净，离开家乡去求学佛法，自他出家后他一直在寺里接待远游到这里落脚休息的僧人，特别是从北方逃难避祸迁到杭州的僧侣，累计数量有三百万之多，于是有了"接待寺"的名号。从元至明，接待寺在战乱中经过焚烧，破坏，废废兴兴。清朝皇帝康熙第四次南巡时，赏赐了一部御书心经、一轴心经塔，被后世奉为镇寺之宝。

关于圣因寺接待还有一个有趣的故事，据说在明清时期，曾经有一个工艺精湛的造钟师傅铸造了两口大钟，他把其中的一口钟献给了京城的皇帝，把另一口送到了接待寺。神奇的事情是：只要接待寺里的钟声一响，那只远在京城的皇宫里的钟在没有被敲击的情况下也跟着响。因此有人说这两口钟具有灵气，能彼此感应。

江涨桥头 富义仓

　　900 多年前的一天，谪居黄州的苏轼，收到了来自杭州的一封信和一些特产。他感慨不已，提笔写下"还将梦魂去，一夜到江涨"的诗句。诗中的江涨，即为江涨桥。

　　沿着江涨桥东头略往南去，在胜利河与古运河的交汇处，有一座古代粮仓遗址——富义仓，它和北京的南新仓并称为"天下粮仓"，后世称"北有南新仓，南有富义仓"。富义仓的创建，与太平天国运动有密切的联系。据记载，作为鱼米之乡的杭州，在太平军入杭前，每年入城之米多至数百万斛。经历太平天国的战火之后，杭州粮食告急，仓廒多空。光绪五年（1879）秋，谭钟麟出任浙江巡抚，令杭城士绅购粮十万石，因原仓库不敷存储，又购买霞湾民地十亩，于第二年冬开始建设新仓。光绪七年（1881）粮仓建成，内设砻场、碓房、司事者房及仓廒四列，可储存谷物五万石。同年冬天，谭钟麟调任陕甘，临行前将仓库命名为富义仓。

如今，富义仓已失去其储粮功能，被打造成了传统与时尚兼收并蓄的创意园区，实现了从"物质粮仓"到"精神粮仓"的华丽转身。

杭州运河第一香

"杭州运河第一香，湖墅市井风情地"是对运河湖墅一带繁荣盛景的描述，其中"杭州运河第一香"，说的是香积寺。

香积寺始建于北宋太平兴国三年（978），旧名兴福寺，后由宋真宗赐名"香积寺"。元朝末年，香积寺被一场大火烧毁了，后来又重建多次，但还是被灾害损毁。香积寺曾是大运河湖墅地区著名的寺庙，是通过运河进入杭州的第一座和离开杭州的最后一座寺庙。当年大运河上船只往来频繁，杭嘉湖一带佛教信徒从运河到灵隐、天竺朝山进香必经此地。

清康熙五十二年（1713）香积寺内建了东西两座宝塔，但西塔于1968年被毁，保留下来的只有东塔。塔身为石质八面九层仿木构楼阁式，塔体逐层收分，除二层以上的栏杆用青石外，余皆为湖石构筑，塔基须弥式，其上每层依次由平座、塔身、塔檐相叠而成，以塔刹收尾，刹顶用宝葫芦、佛像或经文。檐下平身科为五踩双翘，角科为七踩三翘。塔身每面中央雕门，两侧为浮雕。

2009 年香积寺重建，其中大圣紧那罗王殿、钟鼓楼采用铜来建造，更显金碧辉煌。而其他一些大殿屋顶采用铜瓦，屋脊、栏杆等部位也做包铜处理，独具一格，使人耳目一新。

目前，杭州香积寺主供大圣紧那罗王菩萨，也就是杭州人口中的"灶侍菩萨"。同时香积寺是国内唯一供奉监斋菩萨的寺庙，"素斋"是新香积寺的一大特色。

汤公 ① 曲过北关

河流设卡之所，河流交汇之处，便是人流骈集之地。倘若一个临河之地，既有卡，又多水融汇，那么其热闹景象和文化底蕴便不言自明。小河驿，便是这样一个地方。在它多元的历史文化深处，摇曳着一道道戏曲之光。

尽管明代戏曲家、文学家汤显祖一生中到杭州的次数十分有限，住在杭州的时间也非常短，《牡丹亭》却给杭州留下了浓墨重彩的篇章。在全本第五十五出的后半部分，多次出现运河边的城市，其中《如杭》等九出戏的场景地便是在杭州。

在他 33 岁时，应好友姜奇方之邀到杭州游学。翌年春试，汤显祖以三甲二百十一名同进士出身，观政于北京礼部。此番从杭州进京赶考，走水路也是要经过北新关。万历二十五年（1597）三月，他第二次以遂昌令的身份经杭州到京城上计（即述职汇报工作），其《感宦籍赋》自序："如钱塘，荡舟长日……童子故以《宦林全籍》进。予览其书……反复循玩，亦可以奋孤宦之沉心，窥时贤之能事。感而赋之。"此时，他厌恶官场之险恶，退隐乡间之心已昭然，遂在上计期间，向吏部辞官。

小河直街的永达木行

　　小河直街临近运河的河岸上，矗立着一块大石，上刻"航泊三水"。小河直街临近贯通南北的大运河，有着得天独厚的优势。民国时期的小河直街，曾经分布着众多木行，其中永达木行规模最大，是杭州木材厂的前身。

　　20世纪40年代，来自浙江永康的姚鑫淼在小河直街开办了永达木行。他为了保证木料的供应，在临安承包了上万亩山地，冬天伐木后，木头就泡在溪水中，春日涨潮时，成千上万的木材顺着溪水和运河堆积到木行门口。因为生意兴隆，木材占领了整个河道。从永达木行发展出的企业有：杭州广大珐琅锯板业厂、杭州搪瓷厂、杭州热水瓶厂、杭州灯泡厂等。1991年，姚老板溘然长逝，永达木行的历史也由此尘封。永达木行的发展、衍变的经历，不仅是小河地区当代商贸

的一个缩影，也映衬了整个杭州现代商贸文化的变迁和行业的蜕变。

　　小河直街依托优越的地理位置和悠久的产业历史，发展出以小河为始发点的小河航系，在运河文化史上抒写了浓墨重彩的一页。

北新钞关

漕运忙

北新关，全称为北新钞关，主要功能是征收船料货税，明时据北新桥设关故名。明代实行海禁政策，要想在南方和北方运送大批量货物，运河就是最主要的干道。因此，明代京杭大运河上有七大钞关，由南而北依次为：北新（杭州）、浒墅（苏州）、扬州、淮安、临清、河西务、崇文门（北京）。

作为运河南端最重要钞关的北新关，其内部有一套严格清单程序。船入北新关，关关严谨。待船入关，给黑筹，定编号数，照单给筹，按次验收。商人填写的清单内，要报告货物名称，出入地点，或货物往何处销售。船户也要填写清单，要注明所载货物名称、数量。此外，相关各户、过塘主人、船埠头都要报清单。清单应说明出关货物、店户收买、店户递数；出关船埠头代写埠头递数，出入货物，经某处过塘，则过塘主人递数。等到要出关时，要交税取货票。商人缴纳税款后，税官给商人货票。过关的每个细节，从梁头到梁头座数，滴水不漏，严谨细致。

北新关是古代漕运通关的一个缩影，是杭城北部最重要的水运交通驿站，在中国近代交通史上发挥着特殊而重要的地位。

江墅铁路

通 拱宸

19 世纪末，由于清政府的没落，内河航道疏浚不力，水运的毛病日趋突出，发展铁路和公路的呼声越来越响。1906 年，浙江省第一段铁路——江墅铁路便开建了。

铁路线路的选择颇费了一番周折。因从湖墅拱宸桥至江干闸口有两线可行，一是西路绕西湖而走，越万松岭抵闸口；二是东路靠杭州城郭外而行。但西路沿线古墓较多，迁坟阻力很大，又有破坏风景名胜之忧，故最后决定采用东路方案。

说到江墅铁路，就不得不提起一个人——汤寿潜。

汤寿潜作为清末民初实业家，为了抵制英美掠夺浙江铁路权，他顶住来自清政府和列强的重重压力，发动旅沪浙江同乡集股自办铁路，成立了商办浙江铁路有限公司并担任总经理，着手筹办浙江的铁路建造事宜，由此拉开了建设中国第一条民营铁路的序幕。

1905 年，浙路公司开始进行线路勘测。次年 8 月，江墅铁路在起迄点站闸口，举行开工典礼。又过一年，江墅铁路正式通车营业。

　　江墅铁路是衔接钱塘江和京杭大运河的重要通道，它的建成结束了杭州无铁路的历史，使杭州交通运输出现了崭新的局面，南北众多物资顺利交流，给杭城民众带来了出行的方便，还为建造沪杭铁路积累了经验。

『杭丝联』的华丽转身

　　大运河畔，有一座老厂房，方正错落，清水砖墙，这就是著名的"杭丝联"。

　　"杭丝联"，全称杭州丝绸印染联合厂，建于20世纪50年代，是周恩来总理亲自批准建设的大厂，也是新中国第一个五年计划时期的重点建设项目。"杭丝联"作为杭州典型的大型工业厂房建筑，整片厂房呈正方形，厂房屋顶如锯齿般排列，而锯齿形的建筑，也正符合丝绸工业车间采光、通风、散热的独特工艺要求。

　　"杭丝联"建成时，设缫丝、织染、印染三大车间，从加工蚕茧到制成绸缎，具有年加工印染绸1800万米的生产能力，为当时全国丝绸行业中规模最大、技术最先进、加工配套能力最强的丝绸印染联合企业。1984年1月，"杭丝联"被列入《现代中国一百项建设》中唯一的一家丝绸工业企业；2010年3月，被列为第五批"杭州市历史建筑"。

"杭丝联"几经浮沉兴衰，在杭州市民心中留下了时代烙印。原来的旧式厂房在改造后，成为杭州颇负盛名的"丝联166"文化创意产业园。

张小泉剪刀

传古今

中华老字号"张小泉"创立于 1628 年，是刀剪行业中罕有的中国驰名商标。著名剧作家田汉 1966 年走访张小泉剪刀厂时写下了一首赞美诗："快似风走润如油，钢铁分明品种稠，裁剪江山成锦绣，杭州何止如并州。"生动地描述了张小泉剪刀的特色。

张小泉从小随父学制剪刀手艺。康熙二年，他携家人到杭州大井巷开设剪刀铺。有一天，大井巷内的"钱塘第一井"井水突然变黑、腥臭难闻。一老者说："此井通钱塘江，江里那两条成精的雌雄乌蛇在此井相交产卵。要想此井永清，必须除去两蛇。"听罢，张小泉立即拿了把打铁大锤跳入井中，不等两蛇反应便抡锤打过去，把两蛇的颈脖砸得粘在一起。除掉两条乌蛇精，井水又变清了。张小泉钻出水面，把粘在一起的死蛇往地上一扔，两条蛇尾弯了起来。见此情形，他顿时受到启发，忙跑回店铺打了一把弯柄剪刀，比直柄剪刀用起来更应手。

从此，张小泉生产的剪刀都改成了弯柄。后来张小泉品牌红遍大江南北，乾隆年间被列为贡品，1915年在巴拿马万国博览会上获二等奖。

毛主席给予张小泉剪刀极高的评价，他在1956年的《加快手工业的社会主义改造》一文中指出："……王麻子、张小泉的刀剪一万年也不要搞掉。我们民族好的东西、搞掉了的，一定都要来一个恢复，而且要搞得更好一些。"

157

哑巴弄的来历

　　哑巴弄本名夏罢弄，后因音讹才形成现名，清光绪《湖墅小志》对此有记载。

　　夏时正（1412—1499），字季爵，晚号留余道人。明代正统十年（1445）与连中三元的商辂同榜中进士，授刑部主事，又晋级为刑部郎中。景泰六年（1455）复查福建刑事案卷，平反冤狱，颇有政声，擢升大理寺卿。所谓廷尉官阶相当于如今的最高人民法院院长，为三品官员。成化七年（1471）巡视江西灾情，为百姓免税 10 余万石，放粮赈济灾民 23 万户，汰诸司冗役数万名，罢不称职官吏 200 余名，增筑南昌章江门滨江堤坝和丰城诸县堤岸。夏时正为官清廉，建树甚多，而两袖清风，不蓄家财。夏时正罢官后生活贫困，曾居住于此弄，弄因得名夏罢弄。后因居民口口相传，不知此弄来历，"夏罢弄"音讹而成"哑巴弄"。

夏时正"生平风骨高骞，不随流俗，大司马徐忠襄公赠以诗云：身如五柳先生懒，心比孤山处士清"。回到故里后，藩司宁良曾建西湖孤山书院供其居住，但他没有在那里长期安居养老，而是甘居陋巷，他曾住在接待寺纂修成化《杭州府志》，还纂修《太平志》，著有《留余稿》等。

街道因上塘河而名

上塘河历史悠久，曾是杭州与世界联系的重要桥梁，素有"杭城第一运，西湖通江处，良渚天然港"之誉。

上塘河的前身为秦始皇下令开凿的陵水道中的一段，所以俗称秦河。秦始皇统一全国后南巡便由此运河进入杭州城，因此上塘河可谓是杭州历史上第一条人工开凿的河道，担负着重要的交通运输功能。元末时期，张士城受命开凿新运河，江南运河改线走新河道，由此上塘河完成了京杭大运河杭州段主航道的历史使命，成为江南运河的支流，但仍为由杭州经长安通向下河的主航道。两千多年来，虽然上塘河的名字不断变化，从秦河、夹塘河、浙西运河到上塘河，但它与拱墅人的联系不曾改变，拱墅区还以河之名命名了上塘街道。

上塘河是京杭大运河南终点的历史见证，是目前已知杭州历史

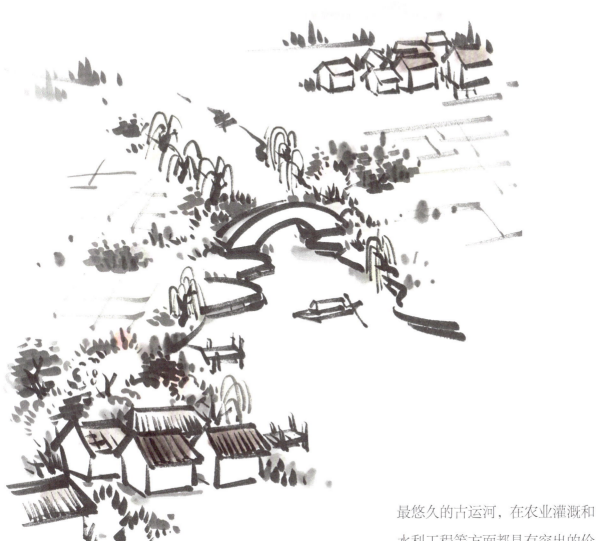

最悠久的古运河，在农业灌溉和水利工程等方面都具有突出的价值意义。河边的城镇因河而兴、因河而荣。

如今，这条绵延千年的上塘河承载着她厚重的历史底色，在水光电影加持下展现出她愈发婀娜绚丽的身姿。

水田畈印证
远古农耕文明

　　西瓜源自何处？明代科学家徐光启在《农政全书》中记载："西瓜，种出西域，故名。"显然，长期以来，人们都对西瓜的原产地是西域这件事深信不疑。直到 20 世纪 50 年代末，杭州城内一处神秘遗址的发现，才彻底地颠覆了人们的认知。

　　将时间回溯到 1958 年，当时杭州大学历史系于野外勘探过程中意外发现了一处古代遗址，考古队随即展开考古发掘工作。经过长时间的清理，在这里出土了大量石器、陶器、石斧、石簇等器物以及稻谷、芝麻、瓜子、葫芦籽等植物种子，经鉴定发现，这些出土文物的时代为商周和新石器中晚期。而在这些植物种子里，有几颗西瓜子格外显眼，让在场的专家们大为震惊。显然，这一发现推翻了人们长期以来的认知，证明中国在四千多年前就已经有了西瓜，同时也为中国的农业溯源研究提供了新的佐证。

由于遗址发现处当年有着肥沃的田野和密布的水网，这座遗址后来被命名为"水田畈"。然而，随着当年参与考古的人员相继离世，曾经震撼考古学界的水田畈遗址似乎也随之消失了。它究竟在哪儿？没有人知道确切的位置。如今只能依据资料推断，遗址大致位于上塘路和石祥路交叉口一带。

善贤化民

　　堰坝，是河道连接处一种常见的建筑形式，可以起到调节水位的作用。因为上塘河水位比大运河高，为了防止上塘河水流入大运河，所以筑坝相隔。往来的船只，到坝前要先停下，借助拔坝工的牵引才能翻越堰坝。

　　在善贤村的东头，曾有一座堰坝，名叫隽堰坝，它就位于上塘河进入大运河的节点上，来往船只必须翻过此坝才能进入大运河中。

　　民国时期，隽堰坝一带地痞流氓横行霸道，外地货船到此过坝经常遭到敲诈勒索，影响极坏，时有"船过三十六码头，难过杭州隽堰头"的民谣。后为满足上塘河口岸的交通和物资运输，人们在村中开凿泥坝，但隽堰坝的名声依然没有改观。这时村中有一位名叫"陈之宏"的医生，他生性仁厚，见此情形非常忧虑，便想用善

164

贤之德去感化村民。他将书里记载的甘蔗王善生和甘蔗王妃善贤的故事讲给他们听，奉劝村民以善贤良德为本，并建议将隽堰坝更名为"善贤坝"。果然，自改名善贤坝后，村里的民风日渐好转。

新中国成立后，善贤坝改名为善贤村，如今善贤村已经撤村建居，改造成了善贤人家小区。善贤坝的美丽传说依然被人津津乐道。

八丈井边 话水利

在上塘路西侧、胜利河北岸有个不大不小的村落——八丈井。关于八丈井，有一个与乾隆皇帝有关的故事流传。

很久以前，乾隆皇帝来到江南的一个村庄时发现村民的肚子都很大。经过询问发现，村民长期饮用不洁的池塘水才得了大肚子病。皇帝便问村长为什么不喝干净的井水呢，而村长解释说村里挖不出水。皇帝不信，命人挖了 24 米，也就是八丈，但还是没有水涌出来。第二年，他又来到了这个村子，看了看去年挖的那口井，依然没有水。看到老百姓们还是挺着大肚子，流下了痛心的眼泪。当泪水落到井底的那一瞬间，突然有一股清泉慢慢涌了出来，一直漫到了与地面一样高。据说是老天爷被乾隆皇帝流下的眼泪感动了，才让这井充满了水。为了感谢龙恩，村民们把这口乾隆皇帝挖的八丈深的井命名为八丈井，把这个村命名为八丈井村。

后来的八丈井一带水系发达，运河航运繁忙。为了不使水道被破坏，人们在胜利河的胜利闸水坝上立了一块碑，以示警诫。碑文中还提到了很多水利保护技术上的问题，"如水浅一尺则坝折低一尺，若遇久旱坝口几与河底相平，如此渐低上河之水日益。上河多蓄一尺之水，即获一尺之利，多世省一尺之患。"

高氏照相机博物馆

1993 年，杭州高氏照相机博物馆在拱墅诞生，这是我国第一家照相机博物馆，也是首家民办相机博物馆。在这里，高治、高继生、高峻岭祖孙三代人历经九十年收藏，积累了来自国内外共 2500 多台（件）照相机相关藏品。

在琳琅满目的藏品中，有一个"木盒子"相机被馆长高继生视作镇馆之宝，那就是距今 200 多年的"钱塘千里眼镜匣"。大约在 1810 年前后，杭州女子黄履发明并制作了"能摄数里之外之景"的镜匣，取名为千里眼镜匣（又叫西泠镜匣），也就是照相机的雏形，这比达盖尔发明摄影技术的时间足足早了一百多年。1992 年 5 月的一天，一位 70 多岁的老太太捧着两个"眼镜匣"找到高继生，她姓黄，家住南星桥，祖辈在清朝时做过照相机、千里眼，是当时的大户人家，这两个木头相机是祖辈留下的遗物。高继生当时花了 2000 元买下了两台木匣。后来，经过查证，这两台"眼镜匣"制于清代嘉庆年间，正是出自黄履之手。

从北宋沈括墓址守墓人赠送的红木针孔相机，到 1900 年前后上海耀华照相馆创办人施德之夫妇制作的耀华外拍相机，再到 1959 年杭州毛源昌眼镜厂西湖样机，还有 1978 年天津照相器材厂试制的中国第一台全景相机，这些在全国乃至全球范围内都是孤品的珍宝，都被高氏家族完好地保留在馆内。

　　走过 30 年时光，高氏父子携带着这些"宝贝"已经搬迁了十个地方，最早在米市巷，后来到中北立交桥、文晖路、凤起路，甚至还搬去过苏州、南京，如今在陆家坞。"历史不是相机，相机却是历史"，高氏照相机博物馆和它的主人，用一种极有韧劲的志趣和情怀，延续着文化的根脉。

从北新关
到
大关

北新关是明代时期全国设的八大钞关之一，也被称为"大关"。

作为京杭运河的起讫点，杭州从唐朝开始就是东南的一大都会，运河的中心便是北新桥。明朝政府决定在北新关开设大钞关，为明清两代的税收做出了很大的贡献。然而，贪腐加重了商行和杭城百姓的负担，再加上清末的太平天国战乱以及漕运的衰退，北新关逐渐退出中国税收的舞台。

由于北新关深厚的历史和文化底蕴，明清时期，自北新关至江涨桥、从丽水路至绍兴路一带，民间均称为大关。1996年，拱墅区政府决定将上塘镇大关小区区域与米市巷街道德胜小区区域合并，成立一个新的行政管理区域，因为当时这两个小区都是纯居民生活区，而大关小区系新建大型生活小区，比德胜小区范围大、小区新，同时也是为了便利市民熟悉新建小区，故弃"德胜"二字取"大关"二字，意寓小区是新的、街道名称也是全新的、一切都是新的起点。

　　从北新关到大关，地名的变迁见证着时代的发展，它反映了中国历史和文化的变迁，也展示了杭州城市的多样性和活力。

真人对弈的象戏

　　走进大关街道的东八苑，你会发现一个不太一样的小广场：广场中间居然设有楚河汉界，周围是环形跑道。居民向窗外一看，俨然就是一副棋盘摆在小区。这是一个以象棋棋盘为元素的广场，突出了大关街道的象戏文化特色。

　　象戏是一种起源于魏晋南北朝时期的戏曲艺术形式。在演出中，演员们身着传统的戏曲服装演绎高手对弈，棋局中的棋子也由真人扮演，象征阴阳五行或兵法玄奥，给观众带来了无限的想象空间和视觉冲击力。在大关象戏的演出中，表演者们不仅要掌握精湛的表演技巧，还需要了解历史文化和传统艺术的内涵，才能够更好地演绎出戏曲的精髓。这种表演形式独特、生动，在传统的戏曲表演中独树一帜，吸引了许多观众和爱好者。

在大关小区，象戏文化得到了广泛的传承和发展。在传统特色文化的基础上，大关街道充分挖掘大关"象戏"非遗文化，制定"大关象戏"发展规划，开展"大关象戏"抢救、保护和开发工作，聘请著名编剧、导演，以非遗项目"象戏"为原型，编创舞蹈《大关象戏》，用肢体语言宣传"象戏"，让更多的人了解和认识这种美丽的传统艺术。

百姓书场

听杭州评话

在大关街道，有一处评话主题公园，评话廊亭上书："方寸地万里江山，顷刻间千秋事业。"这里设有百姓书场，每天下午开展杭州评话公益演出，全年无休。

杭州评话又叫杭州大书，源于南宋，盛于清末，至今已有800年历史。它以杭州方言为基底，以说、评、演三者融合为特色，一人一桌一扇，一醒木一出戏，评说历史，讲述故事。在百姓书场，评话艺人们讲述拱墅故事，传播运河文化，既有经典的《岳飞传》《乾隆下江南》等古代传说，又有《运河风云》《迎亚运迎新春》等现代故事，评话主题公园还开设了阳光老人家、阳光小伢儿等评话体验活动，让各个年龄层的人们，都能感受到杭州评话艺术的魅力。

大关有戏，梨园一梦唱古今。高雅的艺术应上接天际而不高寡，下接地气而不落俗，大关的说书唱戏艺术源自民间，也一直融入民间，人们不止欣赏艺术，也创造艺术，传承艺术，民间艺术走入百姓学堂，百姓教、百姓学、百姓讲、百姓听，让文化遗产"火"起来的同时也"活"起来，让运河的艺术韵味，源远流长。

『国家名片』上的江南第一桥

　　拱宸桥是江南文化的杰作，是南北文化交融的现场，是漕运文化的见证者。2009年9月发行的《京杭大运河》一套六枚特种邮票，其中一枚票面图案就是拱宸桥。邮票是"国家名片"，被印上邮票是莫大的殊荣，在众多的运河古桥中，唯杭州拱宸桥入选，因为她不仅承载着两岸无数的人和物，更承载着悠久厚重的运河文化。

　　拱宸桥是大运河南端最主要的标志物，被誉为"江南第一桥"，她就像一道彩虹飞架在大运河东西两岸。其形制为薄墩联拱驼峰桥，共有三孔，桥长92米、高16米、桥堍处有12.2米宽。据清雍正年间李卫所作的《重建拱宸桥碑记》，拱宸桥始建于明崇祯四年（1631），迄今已有近四百年历史。桥名"拱宸"，象征着对帝王的欢迎和敬意。

拱宸桥自明代修造以来，屡建屡毁，命运坎坷。清代历经太平天国运动等战事后，拱宸桥遭受重创，并于清光绪年间完全坍毁。清光绪九年（1883），杭州人丁丙主持重建拱宸桥，即现在的拱宸桥。2005年，拱宸桥历经了一次大修，遵循"修旧如旧"、最小干预原则，拆除桥面上的附加物，清除有害附生植物，调整矫正倾斜的桥栏板、望柱、抱鼓石等，终于恢复了拱宸桥粗放雄伟、古朴沧桑的史迹景观。

虽然严格意义上杭州的北门是武林门，但实际上拱宸桥已成为水路进出杭州必经的北大门。清代杭州的漕运于此启程，商船物资经桥下进出。也因此，拱宸桥沿岸一带商业十分发达，茶楼酒肆触目皆是。

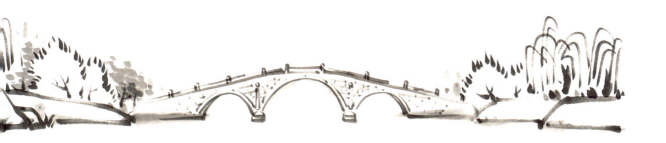

高家花园主人与通益公纱厂

高家花园位于拱宸桥西运河天地内。它是通益公纱厂老板高懿丞所建，故而得名。这座建成于清末至民初的私家花园，是运河畔一处重要的人文景观。高家花园主人高懿丞与通益公纱厂还颇有一段渊源。

高懿丞原在上海机器织布局供职，后因织布局毁于大火而闲居在家。当时，庞元济和丁丙等正在杭州筹建通益公纱厂。1897年，通益公纱厂建成投产。最初几年效益不错，但到了1902年，通益公纱厂便办不下去了，只得停办歇业。

李鸿章的长子李经方得知此事，认为这样的纱厂有赚钱的机遇。于是就让远房亲戚高懿丞出面去接手杭州通益公纱厂。1903年8月，高懿丞正式接手工厂，凭借李经方所出的资金成为该厂老板。但是，这家企业存在的弊端并不只是资金短缺问题，在管理、人事等方面也都存在严重弊端，所以，企业在运转中还是年年亏本。辛亥革命爆发后，新公司再次停办歇业，公司还有很多欠账。

这时，股东大会决定由高懿丞另行募集资金，向通益公纱厂新公司租借厂房、设备，开办新的工厂。1914年8月，高懿丞通过募集资金组建起鼎新纺织股份公司，把通益公纱厂新公司的工厂租了过来，并改名为鼎新纱厂。

鼎新纱厂正好赶上了西方列强从工业生产转向为战争服务的机遇，发展得很快。两年之后，高懿丞成为杭州富商。

百年前的杭州老戏院

说到戏院，就不得不说京剧大师盖叫天。他生平的第一部戏《天水关》就是在拱宸桥登场的。当年14岁的盖叫天在拱宸桥的戏院里，一人唱老生、武生、老旦多个行当，崭露头角。

盖叫天选择在拱宸桥唱戏，不为别的，就因为拱宸桥一带热闹繁华。

中日《马关条约》签订后，杭州拱宸桥成为日租界，开为商埠。为了娱乐商界，仿效京、沪样式，在拱宸桥开设了茶园戏院。

当时，大马路边的天仙茶园、二马路边的荣华茶园和阳春茶园，并称为杭州三大茶园。

后来在拱宸桥东一带集中出现了中国人开的醒

狮茶楼、丽春戏院、丹桂茶园。一时间，拱宸桥运河畔是"洋街两面沸笙歌""日夜弹唱夜开锣"的图景。

建于光绪二十年（1894）的天仙茶园是拱宸桥运河边建造的第一家茶馆戏院，在运河沿线名气很大，京津沪等地的名班名伶多喜来此演出。1901年周信芳七岁在此登台，后称麒麟童。

运河边的荣华戏院也留下了谭鑫培演出的印记。1904年，当时已被誉为"伶界大王的"谭鑫培，在拱宸桥荣华戏院演出《空城计》《李陵碑》等。演出数天，欲罢不能。据传说因慈禧太后"七旬万寿"要演祝寿戏，谭才不得不离开杭州，匆匆赶回京城。

大仙灵迹 著 水边

　　拱宸桥地区的庙宇，最显赫的是位于拱宸桥东的张大仙庙，原在"大马路"的南边，即现在的运河广场南北通津牌坊附近。

　　顾名思义，张大仙庙供奉的是张大仙。这张大仙何许人也？传说，张大仙本名张胜贵，是一位从湖北蕲春云游来杭的道长，清同治光绪年间，他在拱宸桥东结草为庐，专门为穷苦人看病而从不收费。他不仅宅心仁厚，而且道术出众，以百草治病，极为见效，被老百姓称为神医。

　　清光绪四年（1878）三月二十一日傍晚，张道长刚到拱宸桥不久，见一妇人哭着跑到桥中央跳水自杀。他不顾春寒水冷从桥上一跃而下，在周围群众的帮助下将妇人救起，而他自己却沉入河底，不见踪影。民间传说这时有一只雄鹰从天而降，冲入水底叼起张道长，人们急忙将他抬上岸急救，却救不活了。附近的人们感念张道长的恩德，筹资将他葬于生前所居的茅屋后，并在墓顶塑了一只鹰，以示敬仰。

也有人说，张道长其实没有死，是借水升仙了。还有人说，张道长化作一只鹰飞上了天。传说越传越神，也就有越来越多的人来祭拜张大仙。著名京剧演员盖叫天也是张大仙的信徒。大仙庙香火非常旺盛，人们还在张大仙生辰七月廿三当天举办庙会巡游活动。

杭州洋关的耻辱

　　杭州洋关，又称杭州关税务司署，设置于 1896 年，至 1945 年闭关，历经 50 多年，是近代中国遭受帝国主义经济侵略的历史见证。

　　甲午战争后，清政府与日本签订了丧权辱国的《马关条约》。条约规定中国面向日本增辟苏州府、杭州府、重庆府、荆州府沙市四地为对外通商口岸。日本驻华公使进一步提出，杭州要划出一部分地面设立日租界。1896 年 6 月，杭州海关在日租界正式设立，10 月 1 日开始征税。当时的中国海关总税务司、英国人赫德任命英国人李士理代理杭州海关税务司。1896 年 9 月至 1945 年，历任杭州海关税务司共 23 任，其中外籍税务司 14 任，华人税务司 9 任。

　　杭州关设立后，进出口商品丰富、贸易额不断增长，在我国中部 16 个通商口岸中占有重要地位。杭州关对外贸易所达地区，遍及亚洲、欧洲、美洲和大洋洲 20 多个国家。杭州开埠之后，外国商品大量输入，进出口贸易逆差十分严重。日本租界的设立更加深了当地的半殖民地化，杭州及附近各县民族资本主义发展受到严重打击，大量的财富源源外流，形成了搜刮中国人民财富和资源的掠夺性贸易。1937 年，日军侵犯杭州，杭州海关暂行中止业务。抗战期间，日本侵略者以武力攫夺沦陷区海关。抗日战争胜利后，杭州关宣布闭关。

杭州洋关遗址位于拱墅区温州路 126 号（现杭州市第二人民医院内），是京杭大运河沿线的重要文物遗存。

街巷路名
看
浙江

　　翻开杭州地图，在拱宸桥这一带能看到许多以浙江省的地级市名称来命名的道路，像宁波路、温州路、台州路、金华路、嘉兴路、丽水路、湖州街、衢州街等。这些路名让浙江人感到无比亲切，也给人们以无限的联想。

　　为什么这一带的路名会如此集中地体现浙江省各地级市的名称呢？有一种说法是，当时杭州拱宸桥一带成了日本租界，于是参照上海英租界以中国的省份和城市之名命名道路的方法，拱宸桥通商场区域就以浙江省的城市之名来命名道路。当年命名的路，自北往南、东西向的依次为湖州路、嘉兴路、温州路、宁波路、杭州路；自西往东、南北向的依次是武林路、钱塘路。后来随着城市建设的推进，许多地方建起了楼房，路就逐渐消失了，比如最远处的钱塘路；有些路则改了名，比如武林路改名为金华路；还有些路因为建设基础设施的需要，而被分成了两段，分别取了不同的名字，比如杭州路，它的西段一部分已建成运河广场，一部分在区政府内，东段则已改叫台州路；与此相反，还有些路如紫荆街、大同街、大马路，他们后来汇聚成了同一条路——丽水路。

新中国成立以后，杭州市政府在建设发展城市的同时，也对地名资源进行了梳理，拱宸桥这一带业已形成的地名特色被保留并延续下来，久而久之便形成了我们今天所看到的这般景象。

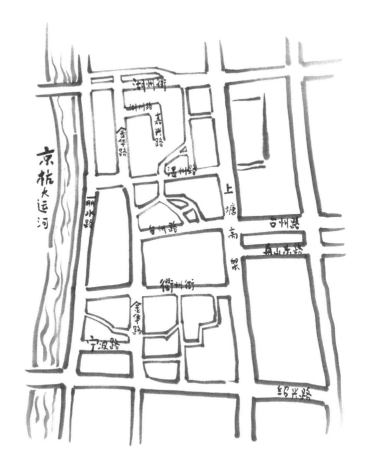

拱宸桥畔的『大先生』足迹

　　一百年前，风云变幻的民国年代，出现了像鲁迅、李叔同、丰子恺、郁达夫等一批成就卓越的"大先生"，他们都曾与拱宸桥有着千丝万缕的联系。

　　1898 年，鲁迅先生第一次出省赴南京求学，就从拱宸桥乘轮船出发，此后更多次往返于此。1910 年，鲁迅还特意从绍兴到杭州拱宸桥给远在日本留学的周作人汇寄月费。大约从 1917 年年中开始，尚在浙江一师做教员的李叔同，也曾数次前往拱宸桥日本邮局给在日本留学的昔日学生刘质平汇寄生活费。而关于丰子恺，在沈本千《湖畔同窗学画时——忆丰子恺》中有这样一段话：当时所有画具画纸与颜料，国内尚少供应，我们需用的，都是从拱宸桥日本邮局汇款向东京文房堂函购的。

作家郁达夫和王映霞的爱情故事也发生于此。1927 年 4 月，上海发生了"四一二"事件，整座城市陷于腥风血雨之中，沪杭火车停运。沉浸在爱情中的郁达夫选择走水路从上海到杭州与他的爱人相会，正是在拱宸桥上岸。

发端于拱宸桥的那些「第一」

杭州第一家缫丝厂

光绪二十一年（1895），在拱宸桥如意里建设杭城近代第一家缫丝厂——世经缫丝厂。

杭州第一家茶馆戏院

建于光绪二十年（1894）的天仙茶园坐落于拱宸桥运河边，是杭州第一家茶馆戏院。

杭州第一张文艺报

1895年，《笑林报》在拱宸桥日租界创刊，被称为浙江近代小报鼻祖，在《杭州历史丛编》中被推为杭州最早的文艺报刊。

杭州第一部无声电影首演地

1908 年 5 月，拱宸桥的阳春外国茶园用新发明的放映机播放了杭州第一部电光影戏（电影）。

浙江第一盏电灯

1896 年 8 月 15 日，世经缫丝厂引进了当时最先进的直流发电设备，于是浙江第一盏电灯就在拱宸桥西亮起来了。

杭州最早的综合性日报

1897 年 11 月 26 日，杭州的日商《杭报》创刊，创刊地在拱宸桥日租界。

浙江第一条铁路

1906 年，杭州的穿城铁路江墅铁路通车，拱宸桥作为该铁路的起迄点。

第一座油栈

光绪三十三年（1907），亚细亚火油公司在拱宸桥外三里洋建造浙江第一座油栈。

杭州第一路无轨电车

1961 年，杭州第一路无轨电车正式通车，以拱宸桥作为起迄点。

杭州第一份《浙江日报》

1908 年 5 月 24 日，《浙江日报》创刊，这是杭州第一份以"浙江日报"为名的报纸，社址在原拱宸桥大马路。

大 运 十 八 街

陈述 . 杭州运河桥船码头 [M]. 杭州：杭州出版社，2006.

陈述 . 杭州运河遗韵 [M]. 杭州：杭州出版社，2006.

丁丙，孙峻 . 武林坊巷志 [M]. 杭州：浙江人民出版社，1990.

董桂萍，韩一飞 . 杭州运河旧影 [M]. 杭州：杭州出版社，2017.

高鹏年 . 湖墅小志（石印本）[M]. 出版者不详，1896.

拱墅区档案局 . 拱宸桥杂记 [M]. 杭州：浙江摄影出版社，2015.

顾希佳 . 杭州运河风俗 [M]. 杭州：杭州出版社，2006.

顾希佳 . 杭州运河非物质文化遗产 [M]. 杭州：杭州出版社，2013.

《杭州市轻工业志》编纂委员会 . 杭州市轻工业志 [M]. 杭州：浙江人民出版社，1996.

杭州市人民政府地方志办公室 . 杭州精览 [M]. 杭州：浙江人民出版社，2018.

黄公元 . 杭州运河宗教文化掠影 [M]. 杭州：杭州出版社，2013.

李楁 . 杭州府志 [M]. 台北：成文出版社，1974.

厉鹗 . 东城杂记 [M]. 北京：中华书局，1958.

陆珊溢 . 能不忆湖墅 [M]. 杭州：杭州出版社，2016.

任轩 . 遇见：一个人的大运河 [M]. 杭州：杭州出版社，2021.

任轩 . 运河的指纹 [M]. 杭州：杭州出版社，2022.

任轩 . 运河上的杭州 [M]. 杭州：浙江人民美术出版社，2017.

沈在蓉 . 杭州百年团史 [M]. 杭州：浙江大学出版社，2022.

《石桥村志》编选委员会 . 石桥村志 [M]. 杭州：浙江工商大学出版社，2018.

吴自牧 . 梦粱录 [M]. 杭州：浙江人民出版社，1984.

萧加 . 遇见大运河 [M]. 杭州：浙江大学出版社，2017.

徐光启 . 农政全书 (上下)[M]. 长沙：岳麓书社，2002.

徐清祥 . 潮鸣八百年 [M]. 北京：线装书局，2017.

许菁频 . 杭州运河名人 [M]. 杭州：杭州出版社，2014.

严军，胡心爱 . 杭州运河古诗词选评 [M]. 杭州：杭州出版社，2006.

俞燕君 . 运河南端文化剪影 [M]. 北京：首都经济贸易大学出版社，2021.

浙江省文物考古研究所 . 大运河遗产：江南运河 [M]. 杭州：浙江古籍出版社，2020.

政协杭州市拱墅区委员会 . 运河明珠：南望是拱墅 [M]. 杭州：西泠印社出版社，2022.

中共杭州市拱墅区委党史和地方志编纂研究室 . 藏在运河里的红色杭州 [M]. 杭州：浙江大学出版社，2022.

仲向平 . 杭州运河建筑 [M]. 杭州：杭州出版社，2013.

后 记

　　这是一本讲述运河故事、介绍拱墅文史，并试图呈现中国大运河、杭州新拱墅风貌的通识读物，是政协杭州市拱墅区委员会向杭州第十九届亚运会的又一份献礼之作。

　　2022 年 9 月，拱墅区政协文史和教文卫体委员会开始筹划新拱墅第二部文史资料《大运十八街》的编撰工作。

　　京杭大运河南端，春风十里银湖墅，拱墅文史资源之丰富，他处概莫能及。因此，在立项之初我们期待将这本书打造成展示新拱墅深厚历史文脉的精品力作。

　　2022 年 11 月，拱墅区政协主席会议专门听取《大运十八街》编撰方案汇报，专题研究论证，决定将该书列入 2023 年政协"三亲"史料出版计划。同时，启动编撰团队遴选、策划方案和出版计划拟定等工作，按照亚运会之前出书的计划，对各项具体工作的时间进度进行了倒排。此后，历次区政协主席会议多次听取文史委关于史料征集整理和书稿编撰进展情况汇报。创作之初，杨俊副主席带领创作团队不辞劳苦实地走访拱墅全区十八个街道采风，对接街道工作人员，夜以继日审阅创作素材，在反复筛选中积累了初步的文字稿。

　　到了 2023 年春天，整个创作团队都忙碌起来，统稿团队有序加强与各街道文化站供稿工作人员的联系，写作团队在已有素材基础上集中进行了二度创作，插画团队按照古朴雅致而又不失时尚的要求一幅一幅地绘图，设计团队在初稿基本完成后也认真投入到装帧设计工作中。创作团队集中讨论和审稿的频率，渐渐从每个月一次发展到了一两周一次。眼瞅着亚运的脚步越来越近，《大运十八街》的框架结构和内容安排，也在集思广益中愈发清晰，整书各篇稿件和插画质量也越来越接近最初的设想。

夏至过后，杭州的高温天如约而至，历经六轮集中审稿讨论，《大运十八街》也终于得以定稿。回想半年来，书籍编撰创作团队一起推敲文字表述，反复论证插图效果，会议桌上边吃快餐边审稿，静谧的夜晚和周末时光一边修改完善稿件一边在微信群里交流……那些"奋战"的场景历历在目。

拱墅区委区政府始终高度关心重视本书的编撰和出版。区政协主席杨国琴指导本书的编撰工作，并对总体架构和相关内容提出宝贵意见；副主席杨俊全程协调采稿与编撰工作，并审阅全部书稿；副主编周建仁、魏崴、朱海鸥负责全书的统稿编撰工作。浙江大学出版社的柯华杰副编审担任本书的策划编辑和总撰稿，承担了主要的撰稿和润色工作，并设计了篇章结构及"立方书"呈现形式。林智文化的王尔凯、区政协的包方珂和出版社的赵钰，在整个项目的联络和推进方面做了大量工作，起到了很好的桥梁作用。区政协文史委老同志和区政协各街道联络组为本书提供了很多的素材和线索，也提出了很好的意见。浙江科技学院的俞燕君教授和浙江商业职业技术学院的袁子霄老师，在创作团队最需要专业支持的关头加入我们，带领研究生郑格嘉、林幼琪、袁纯等高效落实了初稿撰写工作；插画团队和设计团队的各位老师的工作为这本书的颜值和可读性加了分。在编撰过程中，我们还得到十八个街道的党政领导、相关部门及社会各界的大力支持，并借鉴参考了许多运河文化书籍、地方志、省市报刊及新媒体等资料。中国书法家协会会员、西泠印社社员、杭州市书法家协会主席童亚辉先生专门为本书题写书名。在此，一并致以衷心感谢！

出版一本书，是一件复杂的系统性工程，要感谢的人还有很多，就不再一一列举。图书即将付梓之际，还有大量的工作等着我们去落实、去完善。我们一定全力以赴把这本书做得更加精美、精湛、精良，也希望大家在拿到书后能够喜欢它、阅读它、推荐它。

因编者水平有限，书中难免还有讹误和纰漏，希望读者能够谅解，并给我们提出宝贵意见，我们将在下一次印刷时修订改正。

编　者

图书在版编目（CIP）数据

大运十八街 / 政协杭州市拱墅区委员会编. -- 杭州:
浙江大学出版社, 2023.8
　（杭州市拱墅区政协文史丛书）
　ISBN 978-7-308-24019-2

　Ⅰ.①大… Ⅱ.①政… Ⅲ.①区(城市)—文化史—杭
州 Ⅳ.①K295.51

中国国家版本馆CIP数据核字(2023)第122197号

大运十八街

政协杭州市拱墅区委员会　编

书名题字　童亚辉
策划编辑　柯华杰
责任编辑　王荣鑫　赵　钰
责任校对　周烨楠
装帧设计　林智文化
插画设计　孙　强
出版发行　浙江大学出版社
　　　　　（杭州市天目山路148号　　邮政编码　310007）
　　　　　（网址：http://www.zjupress.com）
排　　版　杭州林智广告有限公司
印　　刷　杭州捷派印务有限公司
开　　本　889mm×1194mm　1/16
印　　张　13.25
字　　数　171千
版 印 次　2023年8月第1版　2023年8月第1次印刷
书　　号　ISBN 978-7-308-24019-2
定　　价　108.00元